El gozo de los negocios

por **Simone Milasas**

en colaboración con **Gary M. Douglas**

¿Qué pasaría si los negocios fueran la aventura de vivir?

Edición en español de *Joy of Business*

Título original *Joy of Business*
©2012 Simone Milasas
Segunda edición en español: 2017
Traducido por Alba Molteni
Primera edición en español: 2014
Traducido por Freda Mosquera
Publicado por The Joy of Business – Simone Milasas
ISBN: 978-1-939261-55-7

El autor y la editorial no aseguran, ni garantizan ningún resultado físico, mental, emocional, espiritual o financiero. Todos los productos, servicios e información proporcionados por el autor, tienen como única finalidad, un propósito, en general, educativo y de entretenimiento. La información proporcionada en este libro no substituye de ninguna manera las recomendaciones médicas o de otra rama profesional. En el caso de que usted use cualquier información contenida en este libro, el autor y la editorial no asumen ninguna responsabilidad por sus acciones.

Acerca de este libro

Este libro es para ti, si quisieras estar en los negocios, crear y generar algo completamente diferente para ti y para el planeta. Los negocios o el trabajo – cual sea la forma en que lo llames - son una fuerza enorme en que moldeamos nuestra vida, nuestra forma de vivir y nuestra realidad. ¿Has estado atrapado en una forma tradicional de hacer negocios que te ha hecho sentir limitado, desanimado, e improductivo? No tiene que ser de esa manera. ¿Qué pasaría si hacer negocios fuera creativo, generador y gozoso? ¡Puede ser así!

El gozo de los negocios plantea que los negocios pueden ser algo diferente. No es un manual de instrucciones. No tiene como propósito darte respuestas acerca de tus dilemas o problemas financieros. En cambio, abre la posibilidad para que hagas negocios de una manera totalmente diferente. Contiene preguntas, ejercicios, herramientas, y procesos que puedes usar y que te ofrecerán otra perspectiva de cómo puedes crear tus negocios y tú vida.

No soy una experta en negocios en el sentido tradicional de la palabra. No poseo una larga lista de títulos en finanzas, credenciales o premios a mi nombre. Lo que ofrezco son años de experiencia, haciendo negocios alrededor del mundo – y el punto de vista de que hacer negocios es gozoso. Quiero compartir El gozo de los negocios contigo e invitarte a que sigas tu intuición, a que te hagas preguntas y a que uses algunas de las asombrosas herramientas de *Access Consciousness* ® (*Acceso a la Consciencia*) que pueden cambiar tu manera de hacer negocios para siempre.

Índice

Mi inmensa gratitud

Me gustaría dedicar este libro, *El gozo de los negocios* a dos hombres maravillosos en mi vida:

A mi padre, quien me motivó desde el principio a aprender más acerca de los negocios y a hacer mis propias elecciones. Él me amó incluso en aquellos momentos, en los que rehusé escucharlo. Siempre estuvo tan orgulloso de mí. Te amo, papá. Descansa en paz.

A Gary Major Douglas, fundador de *Access Consciousness* quién ha contribuido enormemente a este libro, mi vida, mi forma de vivir y mi realidad. Me has mostrado y continúas mostrándome lo que siempre supe que era posible. Gracias.

Estaré por siempre agradecida con ambos.

También me gustaría expresar mi agradecimiento a todas las personas que he conocido a través de mi vida. He sido profundamente afortunada, al estar rodeada por amigos y familiares maravillosos que continuamente están contribuyéndome. Gracias. ¿Cómo llegué a ser tan afortunada?

Dona, tú eres la más maravillosa editora en este planeta. Gracias por tu paciencia. ¿Cómo puede mejorar esto?

Dain, gracias por tu infinita generosidad y contribución.

Brendon, tú eres el regalo que sigue dando.

Nota para los lectores

Este libro fue originalmente escrito en el "inglés de la reina". Viajo alrededor del mundo, y visito muchos lugares diferentes; sin embargo, todavía sigo llamando a Australia, mi hogar. Soy aussie, y he escrito este libro originalmente en inglés australiano.

Con infinita gratitud y gozo, este libro ha sido traducido a varios idiomas. Esperamos que disfruten de las herramientas de Access Consciousness y de las historias narradas en este libro, en esta traducción al español.

Por favor disfrútenlo. ¿Qué pasaría si los negocios fueran la aventura de vivir?

Prefacio

Un día estaba hablando con mi amigo, Gary Douglas, el fundador de *Access Consciousness*, acerca de algo que un amigo mutuo estaba haciendo con su negocio. Y yo dije: "Lo que él está haciendo, no tiene ningún sentido para mí".

Gary me preguntó: ¿Qué quieres decir con que no tiene sentido?

Yo le respondí: "Bueno ¿porqué él habría de elegir eso? No tiene absolutamente nada de gozo el tomar esa decisión de negocio. Nada en su decisión va a crear algo más grandioso". Yo podía ver que él estaba matando lo que podía ser posible.

Gary me preguntó: "¿Qué quieres decir con que no es gozoso?"

Yo dije: "Bueno, haces negocios por el gozo de hacerlos."

Gary dijo: "No, no los haces por eso".

Me quedé pasmada. Dije: "¡Por supuesto que sí! ¿Entonces por qué otro motivo harías negocios?"

Entonces, Gary me dijo: "Simone ¡tú eres la única persona que yo conozco que hace negocios por el gozo de hacerlos! En esta realidad, los negocios no se hacen por el gozo de hacerlos."

Así es como empezó nuestra conversación acerca del gozo de los negocios. Desde entonces he descubierto que hay muchas personas que piensan que no les gustan los negocios, y también que hay muchas otras personas encuentran que los negocios son gozosos. Me gustaría que tú fueras una de esas personas. Y me gustaría invitarte a que cambies cualquier punto de vista que puedas tener acerca de que los negocios no son, -o no pueden ser- gozosos. Esa es mi invitación para ti.

¿Qué sucedería si los negocios fueran algo divertido, - y pudieras hacer dinero?

Capítulo 1

¿Cómo me inicié en el mundo de los negocios?

Siempre he amado los negocios. Cuando era una adolescente en Sydney, Australia, mis amigos solían hablar sobre la universidad, casarse, y tener hijos. Esas cosas a mí nunca me interesaron. Siempre supe que yo iba a tener mi propio negocio. No tenía ni la menor idea de que negocio sería, sólo sabía que tendría un negocio. Sentía que era la cosa más creativa que podía hacer. Para mí, administrar un negocio es como ser el artista de un lienzo en blanco. Es como tener el destello de una idea, y hacerse preguntas como: ¿Qué se necesitará para que esto se logre? Siempre tuve esta visión de los negocios.

Apenas me gradué de la escuela superior, conseguí un trabajo. Trabajé por tres meses y ahorré $3,000 dólares, entonces me fui al extranjero. Estuve tres años viajando y trabajando en Inglaterra, Portugal, Austria y las Islas Griegas. Hacía cualquier trabajo que podía, con tal de que me permitiera seguir viajando y viendo el mundo. En la isla de Santorini en Grecia, hice un trabajo que consistía en pararme afuera de un restaurante y decirle a los transeúntes: "Hola, ¿le gustaría comer esta noche en Captain Angelo? Tenemos tres platillos especiales y le daremos una copa de vino gratis." Lo hacía cuatro horas al día, y generaba suficiente dinero para pagar mis gastos básicos. Alguien más se hubiera quejado de ese trabajo, pero mi actitud era: "¡Sí! Lo voy a hacer". No me importaba que trabajo era, siempre me las arreglaba para hacer de mi trabajo, algo gozoso y divertido. Siempre he sido capaz de percibir las posibilidades que el trabajo y los negocios pueden crear en mi vida, y creo que un enfoque creativo y gozoso del trabajo y de los negocios, nos permite vivir una vida extraordinaria, o quizás hasta fenomenal.

Cuando regresé a Australia, todos me daban golpecitos en la espalda y me decían, "Bien, ya está hecho. Ya te sacaste la cosquillita de viajar.

"Mi reacción era: "¿Qué? ¡Esto apenas acaba de empezar!"

Yo inicié mi primer negocio vendiendo productos los fines de semana, en los mercados callejeros en Sydney. Hice de todo, desde crear mis propias lociones hidratantes, *sprays* de fragancias y brillos para el cuerpo, hasta mercancías al por menor que yo compraba en otros sitios. Vendía en el Glebe Market los sábados, y en el Bondi Beach Market, los domingos. Yo deseaba crear un estilo de vida, en el que yo pudiera vender productos en los mercados callejeros los fines de semanas, y disfrutar de mi vida. Mi objetivo era ganar suficiente dinero para ir a Nueva Delhi, India, para comprar mercancías que luego podría vender en los mercados y festivales de Australia.

Después de un corto periodo de tiempo, gané el dinero que necesitaba y viajé a la India. Fui a un lugar en Nueva Delhi llamado Paharganj, en donde vendían incienso, textiles, brazaletes de la India, joyas, y ropa. Paharganj es espectacular. Es uno de los sitios más concurridos que jamás haya visto. A las vacas, que son consideradas sagradas, se les permitía ir por donde ellas quisieran, y ellas deambulaban por la mitad de los caminos sucios, entre los taxis, las bicicletas, las carretas de bueyes, los carruajes tirados por caballos y los peatones. Los vendedores callejeros a cada lado de la calle, que prácticamente vendían todos las mismas cosas, regateaban con los compradores y transeúntes. A veces la temperatura alcanzaba los 55 grados centígrados (122 grados Fahrenheit). Había comida cocinándose por todas partes, y el aroma de las especias de la India llenaba las calles. El lugar era caliente, maloliente, y totalmente emocionante. Lo podías ver tan mugriento y abrumadoramente caótico, -como lo era- o como uno de los lugares más exóticos e interesantes del planeta. Acababa de llegar y me encantó.

No tenía ni la menor idea de cómo iba a encontrar los proveedores. Sabía que podría encontrarlos; solo que no tenía idea de cómo lucirían. Estaba fascinada con la aventura de hacer negocios en ese lugar. Mi actitud era: "Veamos que surge". Yo caminaba por los alrededores, mirando todo lo que los comerciantes tenían a la venta. Al segundo que yo dirigía mi mirada hacia una parte de la mercancía, ellos querían regatear conmigo acerca de cuanto yo podría pagar por ella. Esto podía ser bastante intenso.

Vi que ellos, fácilmente convencían a las personas para qué compraran muchísimos productos que tal vez no podrían vender cuando regresaran a sus casas, así que siempre estaba consciente de quien tenía el control en esas situaciones. Ese negocio era como ir en bajada por un deslizadero, y eso me hacía sentir extremadamente gozosa. Supe intuitivamente que tenía que hacer preguntas, así sería yo quien elegiría lo que sucedería. Yo hacía preguntas sobre las cosas que vendían, en que colores las tenían, que precio tenía si compraba una sola, y cuánto costaría si yo compraba diez o cien. Caminaba por allí, hacia preguntas, tomaba notas y después regresaba a mi hotel y las revisaba.

Lo más interesante de todo es que yo no pasé matemáticas en el colegio. Odiaba las matemáticas y era terrible en matemáticas, pero estaba en la India, y tenía que deducir las fórmulas para exportar, importar y colocarle precios a las mercancías, y lo estaba haciendo. Sabía que podría importar mercancías, con éxito. Sabía que tenía que encontrar a alguien que se encargara de las exportaciones, sabía acerca del papeleo, y sabía que tenía que calcular los costos. Así, que literalmente caminé las calles y hablé con la gente, para reunir la información que necesitaba. Yo estaba dispuesta a conocer todo lo que se requería para crear mi negocio.

Cuando haces negocios, tienes que estar dispuesto a tenerlo todo o a perderlo todo. No puedes esperar beneficios inmediatos como consecuencia de lo que estás haciendo. Si yo hubiera esperado ganancias inmediatas como consecuencia de la compra de ciertos objetos, en esa etapa, los comerciantes hubieran tenido el control sobre los precios y otros aspectos de la mercancía. Pero como yo no tenía un interés particular en el resultado de mis negociaciones, no tuve prisa. No presioné para que algo determinado pasara. Estaba dispuesta a permitir que las cosas sucedieran y ver qué era posible, lo cuál significaba que yo tenía el control sobre el precio, la cantidad y otros factores. Había un sentido inmenso de aventura y gozo de hacer dinero, y de vivir la vida. Así que compré algunas mercancías en Paharganj, y al principio las transporté yo misma, de regreso a Australia, en mis maletas. Más adelante, encontré a dos jeques musulmanes que se convirtieron en mis exportadores. Ellos fueron maravillosos. Yo compraba las mercancías en la India, las enviaba por avión, y las vendía en los mercados de Sydney, y hacía de $3,000 a $4,000 dólares australianos, por semana, trabajando dos días en los mercados. El resto del tiempo, iba a la playa, y concebía nuevas ideas para los mercados y daba seguimiento a los vendedores del exterior. Parecía que yo tenía muchísimo espacio y tiempo libre para vivir. Era feliz. Algunas personas que tenían trabajos ejecutivos de 9 a 5, me decían, "Simone, consíguete un trabajo real".

Yo les respondía, "¡este es un trabajo real! ¡Es grandioso!". Estaba viviendo una etapa maravillosa y estaba haciendo mucho dinero. Estoy consciente ahora, de que yo tenía la habilidad para crear y generar exactamente lo que yo deseaba, (en ese momento) y de ganar dinero, haciéndolo. Después descubriría en Access Consciousness que esto sucedía porque el dinero sigue el gozo. El gozo no sigue al dinero.

Después de algún tiempo, las personas empezaron a preguntarme si yo podría comprar mercancía de India para que ellos lo vendieran en sus tiendas de Sydney. Llegué a esta conclusión: "Si puedo venderle a las personas al por mayor, puedo comprar cantidades más grandes y conseguir mejores precios", así que dije si. Fui a la India y compré grandes cantidades de productos, lo que significaba que yo tenía una mayor influencia, y los vendedores empezaron a notar más mi presencia. Le estaba vendiendo a cerca de 12 tiendas en Sydney, y empecé a diseñar ropa. Todo esto llegó a ser muy exitoso, y pronto me empecé a aburrir, así que dejé de hacer ropa y empecé a importar sets de joyería de plata con piedras semipreciosas.

Fui a Jaipur, India, que se conoce como Pink City (la Ciudad Rosa) para comprar piedras. Cuando estuve allí, por primera vez, los collares de cuentas estaban de moda en Australia y compré cuarzo rosa, amatista, granate, y millares de otras piedras. Tú lo pedías, yo lo tenía. El hombre a quien le compré las piedras me dijo que yo no tendría éxito porque era una mujer. Ese era su punto de vista. No tenía a nadie en la India que me dijera: "Bravo, Simone, ¡sigue adelante!" Sin embargo, estaba dispuesta a seguir mi intuición y a disfrutar cada una de las elecciones que estaba haciendo. Para mí, todo era una grandiosa aventura.

Empecé a vender piedras y joyería al por mayor y también en los mercados de Australia. Entonces regresé a Jaipur y compré algunas más. También compré joyas en Tailandia. Hay una calle en Bangkok llamada Khao San Road, en la cual hay un mercado enorme, similar a Paharganj. Allá conocí a montones de occidentales que estaban haciendo la misma cosa que yo hacía. Nos encontrábamos, intercambiábamos información y contactos para que todos pudiéramos contribuirnos para nuestro éxito personal. Mi punto de vista era que si mis colegas comerciantes tenían éxito consiguiendo más diseños, yo los conseguiría también. Era fácil hacerlo. Yo estaba dispuesta a contribuir para que las otras personas pudieran hacer dinero. Hacer esto era, y sigue siendo, gozoso para mí. Disfrutaba trabajando con personas alrededor del mundo y disfrutaba la forma en las que nos contribuíamos mutuamente. Hay un enorme potencial cuando funcionamos desde la contribución. Si nosotros hubiéramos funcionado desde la competencia, habríamos reducido o destruido nuestros negocios, y probablemente no hubiéramos sido tan exitosos como lo fuimos, y probablemente no tan felices. Recuerda, el dinero sigue al gozo, el gozo no sigue al dinero. Tener consciencia de esto es muy sencillo y valioso.

Poco tiempo después, empecé a ir a Kathmandu, Nepal. Volaba a Kathmandu a través de los Himalayas, que es el paisaje más hermoso en el mundo (y sí, si estas allí en la época precisa del año, el paisaje luce exactamente como en las tarjetas postales). Era agradable deambular por las calles de la ciudad. Tenían lindísimos cafés pequeños, con un té delicioso y se percibía la gratitud que las personas tenían de que estuvieras en su país.

Después de viajar a la India, de ir y venir por un largo tiempo, me di cuenta que cuando estaba en la India, empezaba a pasar muchísimo tiempo en mi cuarto de hotel, más que en cualquier otro lugar. Prefería trabajar en Tailandia y en Nepal, entonces empecé a preguntar que más podría importar de esos países. Terminé diseñando una línea de sombreros. Tuvimos una marca de sombreros llamada "The Shack" (La Choza), y transferí muchos de mis negocios a Nepal. Para mí, esto era lo más gozoso – y yo siempre estaba dispuesta a seguir el gozo. Tienes que estar dispuesto a cambiar lo que sea necesario o todo cuando algo no está funcionando para ti.

Las mujeres en las aldeas agrícolas hacían nuestros sombreros de algodón, y dos hombres que hacían el control de calidad, nos enviaban los sombreros terminados a Australia. Estas personas eran fabulosas. El trabajo que nosotros les dábamos a estas mujeres, las ayudaba a sustentar a sus familias. Ellas podían hacer los sombreros en sus hogares y mantener a sus niños con ellas, ayudándolas, en vez de enviarlos a Kathmandu a trabajar en las calles, limpiando los zapatos de los turistas o realizando otros trabajos similares.

En Nepal trabajé con una mujer tibetana llamada Ziering. Era una gran mujer de negocios y trabajaba como un demonio. Ziering sabía que hacer sentir especial a la gente creaba un buen resultado y ella siempre me trataba con un gran respeto. Ella me llevaba a su hogar y siempre tenía una copa de té lista para mí cada vez que yo iba a su tienda. Yo le compraba pashminas (chales finos de cachemir) y otras mercancías de lana, quien hacia negocios con las mujeres tibetanas refugiadas en Nepal.

Hay mucha actividad de mercado negro en países como la India y Nepal, y Ziering era conocida por hacer "trabajo blanco" o "trabajo bueno", porque ella ayudaba a las mujeres tibetanas refugiadas. No existe ayuda gubernamental para las personas pobres o para los refugiados que viven en Nepal. Les pagábamos a las mujeres tibetanas por cada pieza, por los suéteres, sombreros o guantes que ellas hacían. Yo acostumbraba a visitarlas en sus casas que estaban muy cerca de un área llamada Thamel. Algunas de las casas eran muy pequeñitas. Yo tengo cinco pies y nueve pulgadas de altura, y hubo ocasiones en las que yo no podía estar de pie dentro de las casas. Yo amaba trabajar con estas personas. Los tibetanos estaban agradecidos y felices de estar en Nepal. Si ellos querían ganar bastante dinero, trabajaban duro y lo conseguían. Si solo querían ganar lo suficiente como para poner a sus niños en la escuela y comer, entonces, hacían sólo lo necesario. Era fácil ver la diferencia entre quienes elegían tener más en sus vidas, y quienes eran felices con simplemente tener un techo sobre sus cabezas y comida para sus niños.

Yo traía libros para los niños refugiados y pagué para que algunos de ellos fueran a la escuela. Todo esto correspondía con la energía de lo que yo sabía era posible y era gozoso para mí. Yo estaba haciendo dinero y me estaba divirtiendo, y nunca sabia como sería cada día. La vida era toda una gran aventura (y lo sigue siendo.) Mi actitud siempre ha sido: "Si no es gozoso, ¿por qué lo harías?" Yo no hago ninguna cosa porque tengo que hacerla. Yo amo trabajar con gente que está haciendo algo para crear su vida. Yo creo que cada persona puede generar un cambio en el mundo. Si tú estás siendo tú, y estás consciente, puedes generar un cambio en el mundo, no importa lo que sea.

Vendí sombreros al por mayor por toda Australia y el negocio llegó a ser bastante exitoso y bien conocido. Tuve una oficina de 80 metros cuadrados con estantes que estaban repletos de sombreros de brillantes colores. Y entonces, de nuevo, en cierto momento quise crear algo diferente. Empecé a preguntar: "¿Qué más es posible?" Regresé a Londres por una temporada, y un día me compré el pasaje de un día para esos buses rojos, grandes, de dos pisos y me fui a explorar todo alrededor de la ciudad. Fui de barrio en barrio, examinando todas las cosas, observando, mirando. Me di cuenta que no importaba en donde estuviera, fuera un área próspera o un área pobre, la zona de los judíos, la zona de los negros, la zona Paquistaní, parecía que en ninguna parte había felicidad. No importaba si la gente tenía o no tenía dinero, no importaba de qué color era, que religión profesaba, o en qué área de la ciudad vivían, todos se veían tristes. Yo pensé: "No entiendo. Este planeta es maravilloso. ¿Por qué todos se ven tristes? ¿Por qué todos se emocionan por el trauma y el drama de la vida en lugar de estarlo por las posibilidades? ¿Qué puedo crear que cambiaría esto?"

Buenas vibras para ti *(Good Vibes for You)*

Decidí crear un negocio que incrementaría la felicidad en el mundo y cambiara la forma en que las personas veían la vida.

Se me ocurrió el nombre de *Good Vibes To You* (Buenas vibras a ti), y lo usé por algunos meses, pero algo no se sentía bien. Sentía como que había algo que se percibía forzado, así que decidí cambiarlo por *Good Vibes for You* (Buenas vibras para ti.) Eso estuvo mejor. Tenía una energía más parecida a lo que yo deseaba crear. Se sentía más ligero. ¿Quieres buenas vibras? Aquí están. ¿No quieres buenas vibras? Bien, están aquí cuando las quieras.

Regresé a Australia y empecé a diseñar camisetas estilo "funky" con mensajes sugerentes y con muchísimos colores brillantes para los más jóvenes que salían en grupo a fiestas y a bailar. Mi idea era que si llevabas puesta una de esas camisetas, y las personas leían el mensaje, esto podría crearles una invitación a estar más conscientes o a cambiar algo en sus vidas y crear más gozo. Conseguí a alguien para que diseñara nuestro logo, el cual tenía un gran arcoíris con la frase inscrita "Good Vibes for You" (Buenas vibras para ti), y empecé a vender camisetas en festivales y en los mercados de fines de semana.

Una de las frases en las camisetas que siempre me gustó decía: "Imagina lo que harías si supieras que no puedes fracasar". Para mí, no era posible fracasar o hacer algo equivocado. Simplemente obtuviste algo que no se veía como lo esperabas. Simplemente no se realizó de acuerdo al plan, y de cualquier forma nada resulta de acuerdo al plan. No conozco a nadie que haya alcanzado sus objetivos en los negocios y en la vida exactamente como lo había planeado.

Imagina lo que harías si supieras
que no puedes fracasar.

Otra camiseta decía: "Ábrete a los momentos de la vida". Un día en el que yo llevaba puesta esa camiseta, un muchacho pasó por mi lado, miró mi camiseta y luego me miró directamente a los ojos. Pude ver un cambio en todo su ser. En ese momento supe que él estaba viendo otra posibilidad. Él supo que algo más era posible. Quizá sólo por un instante, pero yo cambié la forma como él veía el mundo. Esa energía coincidía con la energía de lo que yo deseaba crear en el mundo. Yo deseaba que cada persona en el planeta supiera que había posibilidades más grandes. Cualquier cosa es posible.

Algunos de nuestros dichos eran: "Sé el cambio que quieres ver en el mundo". "Crea tu mundo". "Haz algo fuera de tu zona de confort". "¿Qué es lo que el planeta quiere de ti?" Muchas personas hablaban acerca de lo que nosotros tendríamos que hacer para salvar el planeta, pero rara vez alguien le preguntaba al planeta: ¿Qué te gustaría? Algunas personas venían a mi puesto y leían todos los dichos en las camisetas. No compraban nada. Ellos solamente decían: "Vengo aquí, leo estos dichos y me hacen sentir diferente." Una vez más, yo estaba creando lo que deseaba. Estaba cambiando la manera en que las personas veían sus propias vidas".

Un día una mujer de mediana edad compró diez camisetas. No las iba a usar, ella planeaba colgarlas alrededor de su casa porque pensaba que lo que yo estaba haciendo era fabuloso. Esto me llevó a preguntarme: ¿Qué más puedo crear? ¿Qué podría ser de interés para todas las personas, no solo para la generación de los más jóvenes? ¿Qué más podría el mundo recibir? Empezamos a crear imanes y calcomanías con las mismas frases impresas en ellos, lo cual nos ayudó a expandir el negocio. Cuando tú estás consciente y te cuestionas, tú puedes saber cómo y cuándo expandir tu negocio.

Un día recibí una llamada de una señora que había comprado un imán que decía: "Imagina lo que harías si supieras que no puedes fracasar". La señora me dijo que ella tenía seis niños y que estuvo casada con un hombre que la había golpeado por años. Ella pensaba que no tenía ninguna posibilidad de salir de esa situación. Me dijo que ella puso el imán en el refrigerador y que por seis meses lo había leído, cada mañana, cuando se levantaba. Entonces, un día tomó a los niños con ella y dejó a su esposo abusivo. Ella quería agradecerme porque las palabras en el imán le dieron la fuerza y el coraje para saber que dejarlo, era posible. Era un imán que costaba $5 dólares. Si yo hubiera medido mi éxito basada en los cinco dólares que ella me pagó, ¿me hubiera considerado a mí misma exitosa? Por supuesto que no. Sin embargo, si calculaba mi éxito basada en el cambio que se creó en la vida de esa mujer, y en las ondas que ese cambio creó para sus niños, yo era enormemente exitosa.

Otro día, cuando estaba trabajando en un festival, un muchacho vestido como el típico motociclista, estaba mirando las calcomanías que tenía para la venta. El hombre tenía el cabello largo, atado atrás, llevaba puesta una camiseta Jack Daniels, pantalones de cuero, botas pesadas, y una chaqueta de motociclista de cuero, con el logotipo de un club estampado en ella. Me dio el dinero por una de las calcomanías, y le pregunté, "¿Cuál es la que has elegido?"

"Sé tú mismo, y cambia el mundo", dijo él.

Le pregunté dónde iba a colocarla.

"En la parte de atrás de mi motocicleta", respondió el.

Yo pensé: ¡Genial! ¿Cómo podría esto ser todavía mejor? De nuevo, yo era exitosa. ¿Cuántas personas leerían la calcomanía, "Sé tú mismo y cambia el mundo"?

Sé tú mismo y cambia el mundo

Agua embotellada "Good Vibes por You"

"Good Vibes por You" ha cambiado y ha crecido muchísimo a través de los años desde cuando vendía camisetas en los festivales en Sydney; sin embargo, nuestra objectivo, ser el cambio que deseamos ver en el planeta, se ha mantenido constante.

Un día estaba asistiendo a una de las clases de Access Consciousness . Yo estaba con mi botella de agua de un lado para otro, y le pegué a mi botella una de las coloridas calcomanías de "Good Vibes por You", así podía distinguir mi botella de las botellas de los demás. Otras personas empezaron también a colocarle calcomanías a sus botellas. Pronto el lugar estaba lleno de botellas con las calcomanías y mensajes de "Buenas vibras" como "Sé tú mismo y cambia el mundo" o ¿Qué más es posible? o "Ser infinito, posibilidades infinitas". Alguien me dijo, "Simone, Buenas Vibras debería producir agua embotellada con mensajes impresos en las etiquetas.

En relación al agua, soy esnob, y tenía mi marca de agua predilecta, pero en esa época no había en el mercado agua que estuviera empoderando a la gente o al planeta, así que mi socia empezó a examinar las posibilidades de hacer del agua embotellada uno de nuestros productos. Contactamos a un hombre que tenía un manantial maravilloso de agua natural cerca de Sydney, mi socia y yo fuimos a encontrarlo manejando mi convertible. El hombre nos llevó alrededor de su propiedad y conversamos acerca del negocio del agua.

Le pregunté: ¿Cuantas personas están empezando a interesarse en el negocio del agua? Él dijo: "Posiblemente de 500 a 1,000 personas por semana. Todos piensan que van a vender agua embotellada y que van a hacer un millón de dólares, así que van y depositan el pago inicial de un Ferrari nuevo".

Nos reímos y yo dije, "Bueno, yo ya tengo este convertible..."

Al hombre le fascinó el concepto que nosotros queríamos introducir en el negocio del agua embotellada, el cual consistía en una botella completamente biodegradable, con etiquetas en colores vivos y mensajes motivadores, que transmitieran un sentido de diversión y luminosidad. Él nos motivó desde el primer instante e hizo todo lo que estaba en sus manos para ayudarnos. Él es un buen tipo, un típico australiano. En una ocasión, cuando un cliente potencial nuestro viajó a Australia desde otro país, nuestro proveedor manejó hasta el aeropuerto en Sydney para recogerlo, le dio un paseo por su manantial y le dijo que nosotros éramos sus clientes favoritos. Él nos promovía como si fuéramos más grandes de lo que en verdad éramos. Él me decía: "Yo realmente deseo que tu negocio de agua sea exitoso. Yo disfruto trabajaro con ustedes". Para mí, ese es el gozo de los negocios, trabajar con personas que están felices de trabajar contigo y con tu negocio. ¿Cómo puede mejorar esto?

La industria del agua ha sido una pelea dura. Hay compañías enormes vendiendo agua, y es un mundo en el que la competencia es despiadada, pero nosotros bromeamos acerca de esto en nuestra etiqueta. Nuestra nueva etiqueta dice: "Somos la compañía más pequeña en este inmenso campo de batalla". Nosotros hemos incluído el factor de la diversión a la industria del agua embotellada, y la gente lo nota. A ellos les atrae nuestro enfoque y quieren hacer negocios con nosotros. Mi percepción es que ellos realmente notan la diferencia que nosotros estamos siendo. (AC)

Hemos establecido algunos contactos maravillosos alrededor del mundo, y tenemos muchas posibilidades internacionales, en progreso. Actualmente, estamos investigando otros productos y tecnologías relacionadas con el agua, incluyendo una máquina que convierte el aire en agua. Estas son unas máquinas fabulosas que succionan la humedad del aire y crean agua potable y limpia para tomar. Con una de estas máquinas, nunca más nadie tendría que vivir sin agua de buena calidad. Es mejor que cualquier agua filtrada o embotellada que puedas comprar. ¡Cada hogar debería tener una!

La gente nos ha dicho: "Espera un minuto, ustedes son una compañía de agua embotellada y ahora ustedes tienen estas máquinas. ¿No están compitiendo la una contra la otra?

Nosotros respondemos: "Si, y a nosotros nos encantaría verlos a ustedes usando estas máquinas también".

Nosotros estamos trabajando también en conseguir que nuestros clientes acepten botellas completamente biodegradables, que son mucho mejores para nuestro medio ambiente.

Hay una cierta energía que yo siempre he deseado crear y generar en el mundo y estas cosas coinciden con esa energía. Por eso es que las hago.

"Good Vibes por You" no es una compañía de agua embotellada. Nuestro negocio no es el agua. Es un negocio de "Good Vibes por You". Nuestra objetivo es crear y generar más consciencia, y más gozo y más felicidad en el mundo. ¿Qué se necesita para lograrlo?

¿Qué significa el éxito para ti?

¿Cuál es el objetivo real de tu negocio?

¿Cuál es el objetivo real de tu vida y de tu estilo de vida?

(AC) Consultar en el glosario nota acerca del uso en Access Consciousness de la palabra ser.

Capítulo 2

¿Qué estás dispuesto a recibir?

Noviembre de 2002: Mi encuentro con Gary Douglas

Un fin de semana en noviembre de 2002, cuando todavía estaba trabajando en los festivales, fui a Sydney para participar en el Festival Mente, Cuerpo y Espíritu, vendiendo las mercancías de "Buenas vibras". Unos días antes me había enterado de que mi amigo Erin, que estaba esquiando en Bali, había muerto allí de malaria. La muerte de Erin me golpeó muy duro. Yo pensaba: "Erin está muerto, y el mundo sigue girando como si nada hubiera cambiado. Yo quería que todo se detuviera para tener un momento de paz. Yo definitivamente no quería estar en el festival, pero había pagado $6,000 dólares por el puesto, y sabía que tenía que hacer mucho dinero, para recuperar lo invertido y tener una ganancia.

No me parecía correcto estar instalando mi puesto y continuar con todo, como si nada hubiera pasado cuando yo acababa de perder a mi amigo. Pero, allí estaba yo, instalando el puesto y enojándome más a cada minuto. Estaba molesta con el universo porque Erin había muerto. Estaba furiosa porque había pasado demasiado rápido. Estaba enojada porque esto le había sucedido a una de las personas más dulces que había conocido y no estaba dispuesta a tener mentiras o tonterías en mi espacio.

Las personas que estaban instalando el puesto frente a mi formaban parte de un grupo espiritual y me estaban irritando con sus voces ruidosas y sus risas. De alguna manera, la felicidad no me parecía real. No había gozo en ella. Sentía que era más como una simulación de lo que la felicidad era. Ellos se abrazaban los unos a otros, con sinceridad y también querían abrazarme a mí. Pero todo me parecía como una gran farsa. Ninguna de esas personas parecían verdaderamente felices y que estuvieran viviendo de la manera que ellos deseaban vivir. Yo quería gritar: "¡No! Váyanse. Algunas veces las cosas no son tan fáciles en la vida. Algunas veces las cosas son una basura. A veces la vida puede ser fea". Quería zarandear a cada una de esas personas y decirles: ¡Despierten! ¿Cómo quisieran realmente, realmente que sus vidas fueran? ¿Es esto suficiente para ustedes?

Justo en ese momento un amigo mío pasó por la esquina con Gary Douglas, el fundador de Access Consciousness quien también tenía un puesto en el festival. Yo conocí a Gary cuando asistí a una de las clases que había dado respecto a las relaciones, y yo estaba intrigada con su honestidad. Sentía que él era autentico. Escuchar su charla sobre las relaciones fue como una bocanada de aire fresco. Yo pensé: "¿Quieres decir que está bien que yo no quiera casarme y tener hijos? ¿No está mal?" ¡Fabuloso! Él fue la primera persona que me mostró que lo que lo que yo sabía no estaba equivocado; solo era diferente a lo que las otras personas eligieron creer y la manera como ellos eligieron vivir sus vidas.

Mi amigo y Gary me dijeron hola. Yo dije alo, y traté de poner la cara de "todo está normal y bien". Le di un abrazo rápido a mi amigo y después abracé a Gary brevemente y me retiré.

Gary me miró directamente a los ojos y me dijo: "Tu podrías estar mejor si estuvieras abierta a recibir más. Tu negocio estaría mejor, y tu podrías hacer más dinero y tú estarías más feliz".

Yo respondí, "si, está bien, gracias" y pensé, "señor, usted no tiene ni la menor idea de lo que está pasando en mi vida. Hombre loco, no sabe de lo que está hablando" y me ocupé y puse su comentario fuera de mi mente. O al menos yo pensé que lo puse fuera de mi mente. Esa noche me quedé en la casa de unos amigos en Sydney. Estaba agotada después de un largo día, pero no podía dormir. El comentario de Gary acerca de recibir, se repetía una y otra vez en mi cabeza. Yo estaba tratando de entender que fue lo que él quiso decir con ese comentario. Yo siempre estaba dando. ¿No era eso lo que nosotros debíamos hacer? ¿dar? ¿No es cierto? Lo que Gary me dijo conmocionó mi mundo en todos los sentidos, y lo puso al revés. Me dije a mi misma: "Que locura ¿él dijo que yo debo recibir en vez de dar?" No tenía ni la menor idea de cómo eso podría ser. Todo eso me puso de mal genio.

Seguía tan enojada que al día siguiente caminé por el Festival Mente, Cuerpo y Espíritu, y fui directamente a buscar a Gary en el puesto de Access Consciousness . Me paré frente a él, con las manos en la cadera y le pregunté: "¿Qué diablos fue lo que quisiste decir ayer con lo que me dijiste?

Gary solamente me miró, sonrió y me preguntó a que me estaba refiriendo. Yo le dije: "Tú me dijiste que yo estaría mucho mejor si yo estuviera dispuesta a recibir. No pensé que me estuviera permitido recibir. Yo pensé que mi misión en la vida era dar; no recibir." No recuerdo la respuesta exacta de Gary. Sin embargo, si recuerdo que había una sensación de paz después de que conversamos. Había ligereza en mi universo; yo sabía que había algo correcto y verdadero en lo que él decía. Yo era un poco más "yo misma." No muchas personas en mi vida me han empoderado para que sea yo misma. Había algo en la presencia de Gary que me hacía sentir relajada y en paz acerca de quién había elegido ser, de cualquier modo que eso fuera.

Al día siguiente en el festival tenía un poco de resaca, porque había tomado unos tragos la noche anterior. Camine a través de los quioscos del festival buscando un masaje, o algo que me ayudara a sobrellevar el malestar. Cuando pase frente al puesto de Access Consciousness , una de las muchachas me dijo que si quería que "me hicieran las barras". Yo no tenía ni idea de lo que significaba que me hicieran las barras pero vi la camilla de masajes y dije sí. Me acosté en la camilla y media hora después, mientras me corrían las barras, empecé a llorar y llorar. Yo tenía puesta mi camiseta de "Good Vibes por You" y todos en el festival sabían quién era yo. Y ahí estaba yo con los ojos llorosos. Me senté y dije: "Tengo que volver al trabajo". Estaban dando sesiones de demostración por $20 dólares y cuando fui a pagar la muchacha me dijo que era un regalo. Se trataba de recibir de nuevo, y empecé a llorar todavía más.

En ese momento Gary pasó por la esquina. Me miró, sonrió y me preguntó: ¿Tengo que darte otro abrazo?

Yo dije: "¡No! Sí. No. No sé".

Me dió un abrazo y me invitó afuera a conversar.

Yo dije: "¡No! Sí. No. No sé".

Él dijo: "Es tu elección. Si estás dispuesta yo iría contigo afuera para conversar".

Yo lo miré y dije: "Esta bien". Mientras hablábamos, las lágrimas corrían por mi cara, y yo estaba muy preocupada porque no estaba dando una buena impresión de mi negocio "Buenas vibras para ti", el cual se suponía debía incrementar la cuota de felicidad en el mundo.

Gary se sentó conmigo alrededor de 40 minutos y me hizo preguntas. Él hizo que yo viera el lugar desde el cuál veía a todos los demás como valiosos – excepto a mi misma. Me pidió que lo viera y que reconociera la forma en la que yo consideraba que los demás eran mejores que yo, de alguna forma a pesar del hecho de que yo era la que parecía tener la potencia y el poder para generar y crear mi negocio y mi vida. Estaba contribuyendo al cambio en sus vidas, y además me sentía agradecida por tenerlos alrededor mío. Nunca había estado dispuesta a reconocer eso. Nuestra conversación estaba girando mi mundo al revés.

Gary estaba dictando un seminario esa noche y yo asistí. Mientras lo escuchaba, yo pensaba: "Caramba, este tipo está hablando acerca de todo lo que yo deseo crear con "Buenas vibras para ti", excepto que él tiene las herramientas para lograrlo". Era la primera vez que yo escuchaba a alguien hablar acerca del cambio que yo sabía era posible en el mundo.

En esa época yo consideraba que estaba un poco chiflada. Estaba dispuesta a que las personas me llamaran "hippie" porque así era como yo pensaba que ellos podrían recibir quien yo era. Pero aquí estaba Gary –vestido tan elegantemente- no había nada excéntrico en su apariencia, y él estaba hablando acerca de todas las cosas que yo sabía que eran posibles y en las que nadie más parecía creer.

Durante el seminario, Gary a veces maldecía. Yo estaba todavía resentida y molesta por Erin, y mi reacción fue "Ah, gracias Dios, alguien aquí es real". Esto me motivó a seguir escuchándolo. No tengo paciencia para pretenciones. Estaba tan impresionada que decidí quedarme en Sidney una semana más, ya que Gary iba a dictar una clase de dos días, "Fuera de la caja" era el siguiente fin de semana.

Era noviembre, que era nuestra temporada con mayor actividad del año. Llamé a las personas que trabajaban para mí en Brisbane y les dije: "No voy a regresar".

Ellos me dijeron: "¿Qué quieres decir con eso de que no vas a regresar?"

Les dije que me iba a quedar en Sidney por una semana para tomar una clase con un hombre de Access Consciousness Ellos se alteraron porque yo lo controlaba todo en el negocio, y allí estaba yo diciéndoles que ellos tendrían que resolverlo por su cuenta, durante una semana, en la temporada más activa del año. Ellos me preguntaron: "¿Qué vamos a hacer? Yo les dije que todo iba a salir bien. Esa fue la primera vez que yo empecé a empoderar a mis empleados.

También les dije, "Si desean asistir a la clase yo les pago el vuelo, así ustedes pueden asistir también". (No lo hicieron). Así que yo asistí a la clase de dos días con Gary. Me senté en la parte de atrás, cerca de la puerta, así podía escaparme en cualquier momento si así lo deseaba. Yo no me iba a apegar a nada o a estar en un lugar en el que yo no deseaba estar. Al final de los dos días, mi vida había cambiado completamente. Gary habló acerca de todas las cosas que yo creía eran verdaderas. Todo lo que él dijo tenía sentido para mí. Me di cuenta que yo no estaba equivocada acerca de lo que yo sabía era posible. Y que ninguna de mis elecciones habían estado equivocadas.

Ese fue el regalo más grande que recibí en esa clase. Comprendí lo valioso que Access Consciousness podría ser para el mundo, y mi objetivo desde el principio, fue asegurarme de que todas las personas del mundo supieran que Access Consciousness existía, así ellos podrían elegirlo. Después de la clase, Gary le dijo a mi amigo que estaba apenas empezando a facilitar las clases de Access Consciousness en Australia, "deberías pedirle a Simone que te ayude a organizar tu negocio de Access".

Mi amigo era un gran facilitador pero le costaba muchísimo empezar su negocio porque no tenía sagacidad para los negocios. Yo estaba asombrada cuando descubrí que él ni siquiera tenía una cuenta de correo electrónico. Así que le establecí una cuenta de correo electrónico, y empecé a grabarle una lista de contactos. Le sugerí que enviara correos y llamara a las personas para recordarles cuándo ocurrirían los eventos. Esta fue mi primera toma de consciencia de que no todas las personas encontraban que hacer negocios fuera tan fácil o gozoso como a mí me lo parecía, o tenían ese sentido de las posibilidades que estaban disponibles.

Cuando Gary vino a Australia el siguiente año a dar un clase, yo me encargué de coordinar la clase por completo. Fui la anfitriona, reservé el salón, llamé a todas las personas, organicé los hospedajes, envié correos y organicé la clase completa. Fue la clase más grande que ellos habían dado en Australia.

Gary dijo, "Gracias. Estoy tan agradecido". Después agregó: "Creo que te debo algo de dinero".

Le pregunté: ¿Para qué?

Él dijo: "Para cubrir los gastos de correo de las invitaciones que enviaste", y yo me puse a llorar. Era eso de recibir, de nuevo. Gary simplemente rió.

Yo le dije que no podía reírse de mi porque yo estuviera llorando y él dijo: "Si, si puedo. Es divertido". Entonces me regaló el costo de la clase y yo lloré por una hora. El recibir en su totalidad, estaba volteando mi mundo de adentro hacia fuera, de nuevo.

Pronto empecé a organizar clases y seminarios en Australia, Nueva Zelandia y en algunas partes de Asia para Gary y su compañero de negocios, el Doctor Dain Heer. Un día Gary y yo estábamos conversando acerca de distintos aspectos de Access Consciousness y de lo que yo estaba creando y generando en Australasia.

Él me dijo: "Necesito a alguien como tú en América". Yo lo miré y le dije: "Bueno, yo podría hacer eso". Entonces Gary me preguntó: ¿Te gustaría ser la Coordinadora Mundial de Access Consciousness La mandíbula se me cayó y le pregunté: ¿Qué quieres decir? Gary mencionó cerca de cinco cosas que él quería que yo hiciera. Yo le dije: "Me encantaría hacer eso".

Gary no estaba buscando a una persona con títulos de negocio; lo que le atraía era la energía que él sabía que yo podía crear y generar alrededor del mundo. Él podía ver en mí habilidades que yo no podía ver en mi misma en ese momento.

Hay un enorme sentido de vulnerabilidad inherente de recibirlo todo, inclusive la grandeza que cada uno de nosotros somos.

Una vez que yo abrí mi habilidad para recibir, me di cuenta que había estado dispuesta a darle a los otros las herramientas para que ellos recibieran, pero había insistido en ser la persona que hacía todo. No permitía que las personas me dieran.

Access Consciousness ha cambiado todo eso para mí, y este cambio no ocurrió de la noche a la mañana. Access continúa cambiando mis paradigmas en torno al acto de recibir, y ahora tengo la capacidad para recibir más. Siempre estoy pidiendo que algo más suceda y a su vez, también tengo la capacidad para facilitar que las personas cambien sus paradigmas acerca de recibir. El mundo luce muy diferente cuando estás abierto a recibir.

La disposición para recibir

Esta larga historia acerca de mi encuentro con Gary es para explicar que tu habilidad para recibir es esencial para el éxito de tus negocios. La habilidad de recibir lo incluye todo, lo bueno, lo malo, lo bello y lo feo. Tienes que estar dispuesto a recibir dinero y también estar dispuesto a no recibirlo. Tienes que estar dispuesto a recibir admiración, reconocimiento y regalos. Tienes que estar dispuesto a recibir información y los puntos de vista de las otras personas. Tienes que estar dispuesto a recibir elogios y aprobación, pero también tienes que estar dispuesto a recibir críticas y juicios. Tienes que estar dispuesto a recibir que tu negocio tenga éxito o que tu negocio no tenga éxito. Tienes que estar dispuesto a recibirlo todo, absolutamente todo, y no puedes estar esperando un beneficio inmediato en el resultado.

El verdadero acto de recibir es inmensamente profundo, y afecta tu habilidad para percibir, para saber y hasta para ser. Digamos que has decidido que estás en lo correcto en cuanto a algo y que no estás dispuesto a recibir otra información o perspectivas. No vas a ser capaz de percibir lo que es posible más allá de tu limitado punto de vista. Si no puedes percibir, estás bloqueando tu saber. Y si bloqueas tu conocimiento, estas bloqueando tu consciencia y tu presencia, que son, quien tú eres y lo que eres tú. No puedes ser tú mismo. Para tener éxito en los negocios tienes que estar dispuesto a recibir, percibir, saber y ser. La disposición para recibir es la clave para ser capaz de hacer esto.

¿Estás dispuesto a recibir gratitud y éxito?

Tengo una amiga mía tiene una tienda de ropa en Queensland, Australia. Mi amiga es fabulosa en cuanto a lo que puede hacer con las personas, sus vestuarios y sus cuerpos. Sabe exactamente lo que sus clientes necesitan para lucir y sentirse bellos y los hace sentir absolutamente maravillosos con los atuendos que ella selecciona para ellos. Mi amiga es una mujer bellísima, alta. Tiene un cuerpo magnifico y usa un vestuario exquisito. Sus talentos eran tan evidentes para mí y para los otros y sin embargo ella no estaba dispuesta a permitir que las personas reconocieran esos talentos en ella. Era muy tímida y parecía que escondía quien era realmente.

Un día le pregunté: ¿Por qué no mencionamos tu tienda y le hablamos a las personas en mi clase acerca de lo que tú haces? Ella cruzó sus manos, inclinó su cabeza y dijo: "Ay, no, no puedo pararme frente de la clase y hacer eso". No podía recibirlo. Para ella era tan fácil lo que ella hacia que no podía ver su valor y recibir de los demás, el reconocimiento y la gratitud por ello.

Desde que mi amiga ha estado usando las herramientas de Access Consciousness su disposición para recibir se ha incrementado de manera significativa. Ahora tiene dos tiendas de ropa y ha empezado a producir su propia marca de ropa. Está también trabajando como asesora de estilo personal para diferentes personas alrededor del mundo. ¡Está teniendo un éxito enorme porque ella ahora está dispuesta a recibirlo! ¿De alguna manera eres como mi amiga? ¿Recibes a plenitud los agradecimientos y las expresiones de reconocimiento que las personas te dan? ¿Estás dispuesto a recibir la gratitud que las personas sienten hacia ti y hacia tu negocio – o más bien huyes de él? ¿Estás dispuesto a recibir la fama? ¿Estás verdaderamente dispuesto a recibir el éxito?

¿Estás dispuesto a recibir dinero?

Por muchos años mi padre intentó darme dinero y yo siempre rechacé su ofrecimiento. Yo se lo agradecía y le decía que no necesitaba su dinero, que yo podía hacer mis cosas sin su dinero. Después de que mi capacidad para recibir se acrecentó, finalmente acepté un regalo de dinero de él, y pude ver lo feliz y agradecido que él estaba de que yo lo hubiera recibido. Mi percepción fue la de que "¡Caramba! Todos estos años y yo no había permitido que esto ocurriera". Comprendí que cuando no recibes, detienes el gozo de dar, detienes el gozo de contribuir, y también detienes la facilidad de tu negocio.

Si deseas tener éxito en tu negocio debes estar dispuesto a recibir dinero de todas las personas, sin juicio. Tienes que estar dispuesto a recibir dinero de las personas a las que admiras y de las personas que no te gustan. Tienes que estar dispuesto a recibir dinero de absolutamente todos. ¿Qué pasaría si pudieras recibir dinero en efectivo y las monedas corrieran como un carro o un computador nuevo desde todos los lugares y hacia todos los lugares? ¿Sabes qué? ¡Tú puedes! Lo único que tienes que hacer es preguntar -y recibir.

No hace mucho tiempo, una amiga mía estaba buscando un apartamento en Los Ángeles, y manejamos por tres áreas diferentes, mirando sitios un sensación de donde a ella le gustaría vivir.

Esto se convirtió en un ejercicio muy interesante para descubrir qué es lo que estamos dispuestos a recibir. Yo crecí en una familia de clase media alta, así que cuando manejábamos a través de zonas donde las casas correspondían al tipo de área en el que yo crecí, mi reacción era, "Si, yo puedo vivir aquí". Era algo con lo que yo estaba familiarizada y estaba dispuesta a recibir.

Entonces cuando entramos en un área muy lujosa llamada Bel Air, y yo susurré, "¿Tenemos permiso para estar aquí?" Había una energía que yo no reconocía y que me hacía sentir incomoda. Era la energía de los millones y billones de dólares, que yo no estaba dispuesta a recibir.

Y finalmente, manejamos por un área que no era próspera, y yo noté de nuevo que no me sentía cómoda. Yo pensé: "Yo nunca viviría aquí". Solo estaba dispuesta a recibir la energía de aquello a lo que yo había aprendido a estar cómoda.

¿Puedes ver como la incapacidad para recibir la energía de millones de dólares puede afectar tu negocio? ¿O cómo esa incomodidad frente a la energía de la escasez de dinero puede alejar tus clientes? ¿Estás dispuesto o dispuesta a recibir clientes inmensamente ricos? ¿Estás dispuesto o dispuesta a recibir clientes que están vestidos pobremente? ¿Estás dispuesto o dispuesta a recibir toneladas de dinero? ¿O a no recibir nada de dinero?

¿Qué estás dispuesto a recibir?

¿Estás dispuesto o dispuesta a recibir cantidades masivas de dinero? ¿Estás dispuesto o dispuesta a ser reconocido y adorado? ¿Estás dispuesto a ser deseado, y no solo por algunas pocas personas, sino por miles? ¿Estás dispuesto a que las personas quieran robar tus ideas, tus diseños y tu trabajo artístico? Cualquier energía que tú no estás dispuesto a recibir es la energía que creará la limitación de ti, de tu negocio y de tu realidad financiera.

Si tu negocio no es tan exitoso como a ti te gustaría, examina tu disposición para recibir algo y para recibirlo todo.

Pregúntate:

+ *¿Qué es lo que no estoy dispuesto a recibir?*
+ *¿Qué energía no he estado dispuesto a recibir que crearía el éxito más allá de lo que yo haya jamás imaginado?*
+ *¿Estarías dispuesto a cambiar –y a recibir esas cosas? (¡Esto puede cambiar tu mundo!)*

Tu capacidad para recibir es esencial para el éxito de tu negocio.

Capítulo 3

Haz negocios sin juzgar

Una de las grandes barreras para el verdadero recibir es juzgar. Si puedes dejar a un lado todos tus juicios y conclusiones acerca de cómo algo debería ser y simplemente percibes y recibes lo que está frente a ti, tendrás muchísimas más oportunidades en el universo. Esto funciona desde la percepción. La percepción es ligera, como el viento. No es sólida. Y siempre está cambiando.

Los juicios, sentimientos, decisiones y conclusiones, por su parte, son sólidos. Tienen que ver con lo que tú piensas que es bueno y malo. Cada vez que juzgas algo, ya sea positiva o negativamente, bloqueas tu capacidad para recibir algo más allá de ese juicio. Cada juicio que haces te impide recibir algo que no coincide con ese juicio. Por ejemplo, si juzgas que tu negocio es un fracaso, ¿podrás ser capaz de ver lo que tenga de correcto? ¿Podrás aprovechar la enorme posibilidad que se te está ofreciendo? No. Si consideras que tu negocio es perfecto, ¿podrás ver que es lo que no está funcionando y lo que necesitas cambiar? No. De ambas formas, llevas puestas "orejeras" y no dejarás que te llegue información contraria a lo que ya has decidido. ¿Sabes lo que son las "orejeras"? Las orejeras o anteojeras, son lo que le colocan a los caballos de carreras, así cuando están corriendo ellos solamente se pueden enfocar en el fial de la carrera. Las orejeras les impiden estar conscientes de todo lo que está alrededor de ellos. Entonces, ¿estás dispuesto a quitarte las orejeras y a estar consciente de todas las posibilidades? Puedes hacer esto cuando sales de tus juicios y te conviertes en una persona dispuesta a recibirlo todo.

¿Qué juicios tienes sobre tu negocio?

Las personas de negocios habitualmente me preguntan, ¿cuál es el sector demográfico al que está dirigido "Buenas vibras para ti"? Yo digo, "bueno ¡es para cualquier persona que desee cambiar su vida!". ¿Qué pasaría si tu negocio no estuviera dirigido a un sector específico de la población? ¿Qué sucedería si no hicieras ese juicio o proyección parte de tu modelo de negocio? ¿Qué sucedería si estuvieras simplemente abierto a recibir a quien quiera que aparezca, así sea una persona que alguna vez te dijo que nunca podrías triunfar o alguien que ha contribuido de gran manera a tu éxito?

Tal vez haya una audiencia o una clientela que está más inclinada a disfrutar de tus productos o de tus servicios, pero si funcionas desde la conclusión de que ellos son tu clientela, no permitirás que nadie más o nada más surja. Si planeas un negocio para un específico sector demográfico y solamente les puedes vender a mujeres entre 15 y 25 años, entonces ese es el único negocio al que invitarás. Sin embargo, si preguntas, ¿qué se necesitará para que este negocio sea una invitación a cualquiera que desee cambiar su vida? Abres el espacio para que cualquier persona entre.

¿Alguna vez te has encontrado juzgando un negocio y su capacidad para prosperar? "Este negocio no va a tener ganancias" es una proyección y es un juicio. En vez de eso, porque no preguntar:

¿Qué tiene que cambiar aquí?

¿Qué podemos cambiar?

¿Lo podemos cambiar?

¿Cómo podemos cambiarlo?

¿Percibes cómo los juicios cierran la energía y las preguntas la abren? Cuando tú haces una pregunta, invitas a que surja un mayor conocimiento, y con él, más posibilidades.

¿Tienes juicios acerca de lo que es posible y de lo que no es posible en un negocio? Hace unos años, trabajé con un muchacho que creció en condiciones muy hostiles. Como resultado de sus experiencias, el tendía a funcionar a partir de las decisiones y de los juicios. Concluía cosas como, "tienes que trabajar duro para ganar dinero", y cuando una posibilidad grande surgía él decía: "¡Eso nunca va a pasar!". El ponía sus juicios en el camino de cualquier cosa que fuera y así, detenía el flujo de lo que podría ocurrir. ¿Estarías dispuesto a cambiar la energía en cada juicio o conclusión que has establecido y a permitir que las infinitas posibilidades surjan para ti y tu negocio?

¿Juzgas a tus clientes?

¿Cuando las personas entran a tu negocio instantáneamente los juzgas? ¿Haces una evaluación acerca de su apariencia? ¿Decides cuánto dinero tienen, cuánto dinero no tienen y cuánto dinero van a gastar? ¿Decides con cuáles clientes te gustaría tratar y con cuáles no? La mayoría de nosotros tiende a hacer esto y eso nos limita tremendamente.

Recuerdo que trabajé con una mujer cuyo negocio de terapia corporal no iba bien. Ella se preguntaba por qué no tenía más clientes. Después de conversar con ella por un rato, ella dijo: "Sólo me gusta tratar con personas conscientes y despiertas". Cuando haces un juicio así ¡vas a tener un negocio muy pequeño! Ella no se había dado cuenta que un juicio así estaba impidiendo que clientes potenciales vinieran a ella. ¿Cómo puedes recibir dinero de alguien, cuando no puedes recibir lo que ellos son?

Interesante punto de vista

Algunos meses atrás, una cuantas personas me motivaron para que empezara un blog acerca de Access Consciousness y para hablar acerca de lo que yo estaba haciendo alrededor del mundo. Decidí intentarlo. Sabía que no a todas las personas les gustarían mis artículos y que habría alguna reacción o juicio acerca de ellos. Y ciertamente así fue. Otra bloguera empezó a escribir comentarios críticos acerca de mis artículos.

Cuando alguien dirige un juicio hacia ti, existe la tendencia a resistir y a reaccionar al juicio y decir: "¿Cómo pueden decir eso?" o a alinearte y aceptar el juicio y decir, "¿Sabes qué? ¡Estoy tan equivocado (o correcto) como ellos dicen!".

Pocas personas eligen entrar en permisión, lo que sería, "Ah, ese es un interesante punto de vista". Cuando tú estás en permisión, dejas que el juicio se resbale.

Afortunadamente no caí en la trampa de refutarle sus juicios a la otra bloguera. No me resistí, ni reaccioné, tampoco me alinié ni estuve de acuerdo. Leí sus comentarios y pensé, "Bien, es un interesante punto de vista" Y lo dejé pasar. Sabía que sus juicios no tenían nada que ver conmigo. Era acerca de ella misma. Si estás dispuesto a recibir juicios, puedes usar esto para tu propio beneficio. Sabrás desde donde está funcionando esa persona y lo que no está dispuesta a recibir. De hecho, puedes incluso usar esta información para manipular situaciones para tu propio beneficio.

Cuando resistimos y reaccionamos o cuando nos alineamos y estamos de acuerdo con los juicios que las otras personas hacen sobre nosotros, nuestras reacciones se convierten en distracciones que nos desvían del acto de recibir. Cuando estamos dispuestos a recibir un juicio sin tener un punto de vista acerca de él, podemos sobrecrear este juicio. Podemos crear y generar el negocio que nosotros verdaderamente deseamos.

Si vas a tener éxito en los negocios, tienes que estar preparado para que cualquier cosa se presente, sin importar como se vea. Tienes que estar dispuesto a recibir juicios, no solamente de parte de blogueros anónimos o de amigos casuales, sino también de tus socios de negocios y compañeros de profesión. Cuando alguien te juzgue, usa preguntas, pide tener más consciencia y demanda de ti mismo tener permiso de esos juicios. Los juicios no son reales. Si crees en ellos como algo real, detienes el flujo de tu negocio y las posibilidades que están disponibles. Esto es probablemente lo más importante de entender acerca de los juicios; no son reales. Los juicios están basados en lo que la persona que está haciendo el juicio no está dispuesta a recibir.

Tienes que estar dispuesto a recibir todos los juicios, lo que significa que tienes que estar en permisión de los juicios y verlos como interesante punto de vista. Si no haces esto y te alineas o estás de acuerdo, o te resistes y reaccionas, detienes el rumbo de las posibilidades ahora y en el futuro. Es mucho más fácil simplemente ¡recibir el juicio! Además, cada juicio es, en realidad, una contribución a la creación de tu negocio. Por ejemplo, si alguien considera que tú eres rico, crearás más dinero. Si alguien te juzga como una persona exitosa, atraerás más triunfos.

El síndrome de la amapola más alta

En Australia, padecemos de lo que la gente llama el "síndrome de la amapola más alta" (The Tall Poppy Syndrome). Tú no debes brillar ni sobresalir entre la multitud. No debes ser rico ni exitoso, a menos que lo hayas logrado trabajando muy duro. Y si te conviertes en una persona considerablemente exitosa, con facilidad, las personas te juzgarán sin piedad y tratarán de rebajarte a su tamaño. Algunas personas ni siquiera intentan hacer algo grande, porque no quieren ser "la amapola más alta" que será cortada.

Tú te preguntarás, "¿Por qué tengo que recibir los juicios? Detesto ser juzgado". Tú puedes creer que vas a poner un límite a los juicios que estas recibiendo. Pero no es así como esto funciona. En realidad, cuando no recibes los juicios, limitas el recibir, lo cual significa que no recibirás todas las cosas que te gustaría tener en la vida, incluyendo el dinero.

El proceso de aclaración

En este momento me gustaría presentearte el proceso aclarador que usamos en Access Consciousness así puedes empezar a borrar esos juicios que tienes acerca de los demás, de ti mismo y de tu negocio. Así funciona esto:

Empezaremos con una pregunta simple:

¿Qué juicios has convertido en más reales que las posibilidades infinitas para ti y para tu negocio?

No es necesario buscar una respuesta a esta pregunta. Estás buscando una tomar consciencia, no una respuesta. Y puede que la consciencia no llegue a ti a través de palabras. Puede llegar a ti como una energía o como un sentimiento. Puede que ni siquiera a través de los procesos cognitivos, la percepción, el conocimiento adquirido, o el razonamiento sepas cuál es la respuesta a la pregunta. No importa como llegue a ti. Solo necesitas hacer la pregunta. Después expresas tu disposición para recibir completamente la energía que la pregunta te ha traído (si estás definitivamente dispuesto a recibirla) así como también tu disposición para destruirla y descrearla:

Todo lo que eso sea, lo destruyo y lo descreo, por un dioszillón.

El próximo paso es usar el enunciado aclarador. El enunciado aclarador borra tus puntos de vista limitados para tener una posibilidad diferente en tu vida y tu negocio. Va al punto de destrucción (POD) y al punto de creación (POC) de los pensamientos, sentimientos y emociones que precedieron inmediatamente a la decisión, juicio o limitación que te llevó a ellos. Es como jalar la carta que está sosteniendo un castillo de naipes. La estructura entera se viene abajo. No importa si el punto de destrucción o el punto de creación ocurrió la semana pasada o hace cientos de millones de años. El enunciado aclarador abarca el primer momento en el que esos puntos de vista fueron creados y borra las decisiones que tomaste. Esto sucede de energéticamente cuando usas la pregunta y el enunciado aclarador.

Una manera de entender el enunciado aclarador es que es el lenguaje de la energía. No importa si lo entiendes con tu mente lógica; usarlo es suficiente. Si puedieras resolver todo con tu mente lógica, probablemente ya habrías conseguido todo lo que siempre has deseado. Cualquier cosa que te mantenga alejado de lo que deseas, no es lógico. Son esos puntos de vista descabellados los que deseamos destruir. El enunciado aclarador está diseñado para freír cada punto de vista que tienes para que puedas funcionar desde la consciencia y el saber.

Consciencia y saber son lo que realmente eres. Eres un ser infinito, y como un ser infinito puedes percibirlo todo, saberlo todo, serlo todo y recibirlo todo. Puedes funcionar desde el conocimiento total y la consciencia total en todos los aspectos de tu vida incluyendo tus negocios, si esa es tu elección.

Puedes funcionar desde las posibilidades, elecciones, cambio, demanda y contribución. Puedes abrir las puertas a lo que sea posible hoy para ti, para tu negocio, tu vida y el planeta. Si estás dispuesto a funcionar como el ser infinito que verdaderamente eres, puedes invitar al mundo a cambiar y a tu negocio a expandirse. Y puedes crear más gozo, felicidad y gratitud en tu vida y en tu profesión. Por este motivo es que es tan poderoso que borres tus juicios.

El enunciado aclarador

Después de haber expresado tu disposición para recibir la energía que la pregunta te ha traído, pronuncias el enunciado:

Acertado y equivocado, bueno y malo, POD y POC, todos los nueves, cortos, chicos y más allás. [1]

Puedes usar el enunciado aclarador como lo he explicado aquí o puedes simplemente decir, "Todo lo que eso es POD y un POC," o "Todo lo que leí en el libro". Esto aglutina la energía y empieza a destruir y a descrear cualquier cosa que esos puntos de vista son. ¡Sólo dale una oportunidad!

Vas a encontrar con muchísimas preguntas a través del resto de este libro, y puede ser que recibas una respuesta energética a algunas de ellas mientras lo lees. Usa el enunciado aclarador para deshacer la energía que surge. Recuerda que este proceso está relacionado con la energía, no está relacionado con ningún punto de vista. La energía surge antes que las palabras. No le des importancia. Estás limpiando la energía y cualquier punto de vista, limitaciones o juicios que haya creado. Pruébalo. Si trabaja para ti ¡maravilloso! ¿Qué es lo peor que podría suceder? Ah, puede cambiar tu negocio por completo y tu vida. Y puede hacerte más feliz.

Está bien, ¿estás listo o lista para realizar el proceso ahora? Es fácil.

---

1   Si quieres más información acerca de qué quieren decir las palabras del enunciado aclarador, ve el glosario para una explicación más detallada.

¿Qué juicios he convertido en más reales que las posibilidades infinitas para mí y para mi negocio?

Todo lo que eso sea y en todos los lugares en los que yo no haya estado dispuesto a recibir eso, lo destruyo y lo descreo por un dioszillón de veces. Acertado y equivocado, bueno y malo, POD y POC, todos los nueves, cortos, chicos y más allás.

Juzgando a los demás

¿Te gustaría deshacerte de otros juicios en tus negocios y en tu vida? Esta es una gran pregunta para usarla cuando te encuentras a ti mismo juzgando a otras personas. Es grandiosa, porque a través de todos los tiempos nosotros lo hemos sido y lo hemos hecho todo, y para juzgar algo tienes que haberlo sido o haberlo hecho. Por ejemplo, si alguien con quien estás trabajando dice o hace algo, y te das cuenta que estas juzgando a esa persona, pregúntate:

¿En dónde he hecho esto antes? Todo lo que eso sea, lo destruyo y lo descreo por un dioszillón. Acertado y equivocado, bueno y malo, POD y POC, todos los nueves, cortos, chicos y más allás.

Capítulo 4

Todas las preguntas crean una posibilidad

Mis amigos en Australia, Chutisa y Steve Bowman, han escrito libros fabulosos, entre ellos Conscious Leadership (Liderazgo consciente) y *Prosperity Consciousness* (Consciencia de la prosperidad). Chutisa y Steve viajan alrededor del mundo y trabajan con los directores ejecutivos y miembros de las juntas directivas de distintas compañías. Su punto de vista es que si puedes crear consciencia en lo más alto de la cúpula empresarial, esta consciencia fluirá al resto de la empresa. Ellos han observado que los ejecutivos más exitosos, tienen como costumbre la práctica de hacer preguntas. Estos directivos nunca piensan que tienen todas las respuestas o que siempre tienen la razón. Por el contrario, ellos hacen preguntas constantemente.

Una pregunta es una invitación a nuevas posibilidades, a información novedosa y a nuevos puntos de vista. Una pregunta permite que algo se manifieste, así la respuesta te lleve a un alto total. Una respuesta dice: "Eso es todo. No gracias. No más".

Cuando las preguntas vienen desde las posiciones de alto nivel del negocio se crea una corriente y una sensación de posibilidades para todos en el negocio, porque cada persona en la empresa aporta algo diferente. ¿Qué sucedería si reconocieras que todas las personas en tu empresa o negocio basados en su propia consciencia, ofrecen cada uno, una perspectiva diferente? ¿Qué pasaría si estuvieras dispuesto a recibir, permitir y agradecer la consciencia de cada persona en tu negocio y las contribuciones hacen? Debes estar también dispuesto a recibir, permitir y agradecer por todas las personas que forman parte de tu vida, y por las contribuciones que estas personas te hacen.

Tener las respuestas

Durante los últimos años he hablado con muchísimas personas acerca de sus negocios y acerca de los proyectos en los que están involucrados, y muchas de estas personas tienen el punto de vista de que cuando estás en un negocio tienes que planear cada mínimo detalle antes de que algo ocurra, en vez de dejar que las cosas transcurran.

Esto también tiene que ver con la forma en la que hemos sido educados. Se nos ha enseñado desde una edad muy temprana que necesitamos tener todas las respuestas. Apenas empezamos a ir a la escuela, aprendemos a dar la respuesta "correcta" para pasar al siguiente año escolar. Pero ser exitoso en los negocios no tiene que ver con tener todas las respuestas, lograr las conclusiones "correctas", predecir lo que sucederá, o tratar de que ciertas cosas ocurran. Se trata de que nosotros seamos la pregunta en sí misma. Puedes activar tu negocio y despertar tu vida cuando haces preguntas, y confías en tu conocimiento y desarrollas tu consciencia de que cualquier cosa es posible.

¡No pienses, haz preguntas!

En vez de dar respuestas, sacar conclusiones y tomar decisiones, practica el hacer preguntas. Cuando haces una pregunta, inmediatamente recibes una respuesta energética. Por ejemplo, si preguntas: "Verdad ¿esto me generará dinero? La energía se manifestará y sabrás si es un sí o un no. La energía es anterior a las palabras y tu conocimiento es instantáneo. En ocasiones las personas no están dispuestas a reconocer lo que ellos saben y optan por pensar, en vez de preguntar: "Verdad ¿que es lo que me está mostrando esta energía? Dudan de su saber y allí es cuando las cosas se tornan confusas. En vez de cavilar acerca de algo, hazte una pregunta. Hazlo dispuesto a dejarte guiar por tu consciencia, a guiarte por lo que sabes y a crear una elección basada en eso. Recuerda, la elección crea consciencia.

Por ejemplo, si estás considerando contratar a una persona, puedes preguntar "verdad ¿esta persona me generará dinero?" Inmediatamente recibirás una respuesta energética. La energía se sentirá pesada o liviana. Si la sientes pesada, usualente es porque es falsa. Si la sientes liviana, usualmente es porque es verdadera. Usa esta herramienta cuando te haces preguntas y eliges algo respecto a tu negocio. Si sigues la energía, sabrás que hacer. Si no te haces preguntas y si no estás abierto a estar consciente, puedes quedarte en la cabeza y sólo pensar. Puedes inclusive tratar de tener un resultado antes de que algo siquiera ocurra. Es algo así como tratar de entender cómo va a funcionar algo, sin siquiera haberle dado la oportunidad de mostrar todas sus posibilidades. Créeme, es mucho más fácil seguir la energía y hacer preguntas que dedicarte sólo a pensar.

Tú, como el ser infinito que eres, lo sabes todo. No hay absolutamente nada que tú no sepas. Deja de funcionar desde la perspectiva de lo que yo llamo "viaje mental" de los negocios. En vez de eso, usa preguntas, sigue la energía y funciona desde la perspectiva de tu consciencia y de tu conocimiento. ¡Te divertirás mucho más y tal vez termines sintiendo el gozo de los negocios!

Si lo sientes ligero, es verdadero.
Si lo sientes pesado, es una mentira.

Yo usé la herramienta de pesado/ligero cuando empecé a hacer negocios en los Estados Unidos. Al comienzo no sabía cómo se realizaban los negocios allá, entonces empecé a conversar con abogados y contadores para obtener la información que necesitaba. Yo tenía la creencia de que los abogados y contadores lo sabían todo, hasta que me di cuenta, de que "¡Wow! No solamente me estaban ocultando información sino que me estaban dando información contradictoria". Finalmente "entendí" que lo que sientes que es ligero, es verdadero y que lo que te produce pesadez, es falso. Entonces, me decía a mí misma, "Está bien, he hablado con todos estos abogados y contadores, y me parece mucho más sensato lo que me dice este, y me hace sentir mucho más ligera. Si incorporo lo que él me está diciendo, ¿qué se creará a partir de eso? ¿Creará el cambio que yo deseo?"

Tomar decisiones de esta manera es muy diferente a pensarlas linealmente y a buscar las respuestas. Es realmente mucho más fácil y divertido. Ese es ¡el gozo de los negocios! No tienes que saberlo todo; Solamente tienes que estar dispuesto a hacer preguntas.

Tu mente sólo conoce lo que se hizo con anterioridad

Tu mente solamente conoce lo que ha sido hecho con anterioridad y esto limita tu percepción de lo que es posible. Si pides que sucedan cosas más allá de lo que alguna vez imaginaste, quién sabe que posibilidades se presentarán por sí mismas. Algunas veces, cuando haces una pregunta, las cosas se presentan inmediatamente en el mundo físico. Preguntas: ¿Qué se necesita para que mi negocio crezca? Y ¡boom¡ Algo o alguien aparece. Tal vez alguna persona que desea invertir dos millones de dólares en tu negocio aparece. Tal vez conocerás a un productor famoso que desea ayudarte a desarrollar tu carrera como cantante. Tal vez algo que es completamente diferente a la idea que tienes de tu propio negocio surgirá. Recuerda, tienes que estar dispuesto a recibir.

Una pregunta lo puede cambiar todo.

Haz preguntas en todos los aspectos de tu vida, acerca de tu negocio, tus relaciones, y tu dinero. Tienes que hacer estas preguntas desde el punto de vista de las posibilidades infinitas y de tu disposición para recibir algo o todo; no puedes decidir cuál será la respuesta que recibirás. ¿Qué necesitas para estar consciente y abierto a las opciones y posibilidades infinitas?

Esperar beneficios de un resultado específico

Cuando esperas beneficios de un resultado específico existe ya una respuesta o un resultado que tú esperas. Te enfocas en ese resultado y bloqueas tu conocimiento de cualquier otra cosa.

Te conviertes en un caballo de carreras con sus orejeras puestas. No estás dispuesto a percibir y a recibir la información y los regalos que el universo te está ofreciendo. No puedes ver algo que no corresponde al resultado que estás esperando. Una posibilidad maravillosa se te puede estar presentando por ella misma, y está más allá de lo que puedes percibir. Esto le ocurrió a un amigo mío, que ha tenido éxito en muchos negocios. El hacía preguntas, algo mágico sucedía, y él tenía la capacidad para crear y generar mucho más de lo que él había pensado que era posible. Pero hace poco, empezó un negocio en el que él tenía muchas esperanzas y con el que no tuvo el éxito que él esperaba. ¿Por qué sucedió esto? Él estaba tan seguro de los resultados, que no tuvo más la capacidad para ver lo que era posible.

Las preguntas le abren la puerta a las posibilidades

Nosotros, recientemente llegamos a una conclusión interesante acerca de nuestra agua embotellada "Good Vibes" (Buenas vibras). Queríamos cambiar las botellas plásticas PET por botellas completamente biodegradables y pensamos que nuestros distribuidores apoyarían este cambio con entusiasmo. Las nuevas botellas eran más costosas que las convencionales, pero nosotros decidimos que las personas estarían dispuestas a pagar un poco más por agua en botellas biodegradables, como una demostración de apoyo al cuidado del planeta. (Nótese que nosotros no hicimos preguntas, llegamos directamente a una respuesta y a un juicio). Esperábamos que las personas brincarían de alegría cuando anunciamos el cambio; pensamos que nos recibirían con una banda musical y que lanzarían fuegos artificiales. ¡Hip, hip, hurra!

Sin embargo, esa no fue la forma en la que nuestros distribuidores reaccionaron; descubrimos que ellos estaban muchos más preocupados por el resultado. Finalmente reconocimos que habíamos llegado a una conclusión, y estuvimos dispuestos a recibir el punto de vista de los distribuidores, a hacer preguntas, y al mismo tiempo a no darnos por vencidos en lo que nosotros sabíamos era posible. (Nunca concluyas que has sido derrotado). Nosotros dejamos ir nuestros juicios acerca de cómo el público recibiría nuestro producto y empezamos a hacer preguntas: ¿Qué tenemos que cambiar aquí? ¿Con quién debemos hablar? ¿Qué información necesitamos? Estas preguntas abrieron las puertas a nuevas posibilidades para nosotros. Desde entonces, hemos conocido empresas que agradecen la disponibilidad de tener agua en botellas biodegradables.

Una declaración con signos de interrogación

Algunas personas toman decisiones en sus negocios acerca de lo que necesitan que suceda, y luego tratan de convertir esa decisión en una pregunta. Es una declaración, con signos de interrogación. Esto no te lleva a ningún lado. Estarás en el mismo lugar en el que siempre has estado. Esto sucede porque cuando llegas a una conclusión o tomas una decisión detienes la energía, y todo en el universo es energía. Sin embargo, cuando haces una pregunta infinita, la pregunta te empodera, y es una invitación a lo que es posible.

Hace poco hablaba con una mujer que se quejaba de lo bajas que estaban las ventas en su negocio. Yo le pregunté, "Entonces, ¿qué preguntas puedes hacer acerca de lo que está sucediendo?

Ella me respondió: ¿Qué se necesita para que la gente venga aquí y gaste dinero?

Esa es una declaración con signos de interrogación. Ella ya había decidido que la respuesta era que la gente viniera a su negocio y gastara dinero. Luego ella intentó convertir esa decisión en una pregunta.

Le sugerí, "Una pregunta mucho más amplia seria, ¿Quién o qué puedo yo atraer a mi negocio que generaría dinero hoy y en el futuro?" Esa es una apertura a las posibilidades de hoy, pero también a las posibilidades del futuro. ¿Quién sabe qué podría suceder? Tal vez alguien puede ofrecerte comprar tu negocio por el doble de lo que vale. Tal vez alguien puede ofrecerte una franquicia que lo comercializaría a nivel global.

Hay posibilidades infinitas.
Todo es posible.

¿Qué es lo siguiente que podría hacer?

Si en algún momento en tu negocio estás preguntándote ¿qué es lo siguiente que pudiera hacer? ¡Haz preguntas! Las preguntas son imperativas. Si percibes que tú o tú negocio están bloqueados, haz este tipo de preguntas:

+ *¿Qué información no estoy percibiendo?*
+ *¿Con quién tengo que hablar?*
+ *¿Desea el negocio cambiar?*
+ *¿Qué debemos instituir ahora para crear más ahora y en el futuro?*
+ *¿Qué cosa mágica sucederá hoy para mí y para mi negocio?*
+ *¿Cómo puede esto ser mejor de lo que ahora es?*
+ *¿Qué es lo que no estamos dispuestos a hacer, a ser, a crear y a generar con el negoci, que si lo hiciéramos invitaría más*

posibilidades de las que nosotros alguna vez hemos imaginado posibles? (Usa el enunciado aclarador/ final de esta pregunta).

Si estás dispuesto a escuchar, recibirás las respuestas que necesitas.

Otro momento excelente para hacer este tipo de preguntas es cuando te das cuenta que estás postergando algo. ¿Qué pasa si necesitas más información? En cualquier momento que sientas que tu negocio está bloqueado, lo único que necesitas es más información. Haz más preguntas.

El universo quiere ser tu amigo. El universo quiere ayudarte. El universo ama que tú le hagas preguntas. El universo dice: "¡Sí! Estás haciendo preguntas, y estás dispuesto a recibir información". En una película vieja uno de los personajes comenta que el universo es un banquete y que hay personas que se están muriendo de hambre. El banquete, está ahí, frente a ti. Lo único que tienes que hacer es hacer preguntas y estar dispuesto a recibir más información.

Las preguntas te empoderan.
Las respuestas desempoderan.

Usa las preguntas para reconocer lo que tu mismo creas y generas

Cada vez que algo en tu negocio funciona, o que tu sientes que algo ha sido exitoso, reconócelo. ¿Cómo haces esto? Hay dos formas.

La primera es siendo agradecido. Agradece cada cosa que aparece, agradece cada dólar que tú y tu negocio ganan, agradece por cada minuto que has sido exitoso.

La segunda forma es haciendo preguntas. No concluyas, diciendo, "¡Guau! Esto sí que funcionó". En vez de eso pregunta:

+ ¿Cómo puede mejorar esto?
+ ¿Qué más es posible?

Estas preguntas son una invitación a que el éxito continúe. Declaraciones como: "¡Eso fue maravilloso!" son un callejón sin salida. No son una invitación a nuevas posibilidades. ¿Cuál es la diferencia energética entre decir, "Guau, este es el mejor sexo que he tenido en toda mi vida", y decir, "Ah, ¿cómo puede ser esto cada vez mejor?". ¿Cuál pregunta es una invitación a otras posibilidades (y a un mejor sexo)? ¿Cuál tiende a bloquear la energía para seguir avanzando? En otras palabras, ¿Cómo logras tener más de las cosas buenas? Haz preguntas.

No hagas preguntas solamente cuando las cosas no están sucediendo de la manera que a ti te gustaría que pasaran. Haz preguntas en todo momento, no importa lo que pase. ¿En qué consiste esto? Le estás preguntando al universo que te contribuya con algo mucho más grande.

Una amiga fue a Paris en viaje de negocios y decidió que quería pasar su última noche en un hotel de cinco estrellas. (La palabra clave aquí es decidió lo que ella quería que pasara, y esa decisión hizo que parara el flujo de energía). Ella fue al hotel y pidió un cuarto, y el hombre de la recepción le dijo que lo sentía mucho pero que no tenían ningún cuarto disponible.

Ella se hubiera podido ir desilusionada, pero porque eligió hacer una pregunta, las cosas fueron más allá. Ella se quedó frente a la recepción y preguntó, ¿Cómo puede mejorar esto?

El hombre de la recepción dijo, "Lo siento".

Mi amiga de nuevo preguntó, "Bien, ¿Qué otra opción mejor tiene?

El hombre dijo: "Un momento, por favor. Voy a hablar con el gerente".

El gerente salió y le preguntó qué era lo que a ella le gustaría, y ella le dijo que esa era su última noche en Paris y que ella estaba buscando un cuarto. El gerente le dijo: "Lo siento, pero estamos llenos".

Mi amiga de nuevo preguntó, "¿Cómo puede mejorar esto?"

El hombre la miró y luego observó el computador y le dijo: "Bueno...el único cuarto disponible esta noche es la suite del penthouse. El hombre hizo una pausa por un momento, y luego dijo, "Se lo podemos dar a usted al precio de un cuarto regular sólo por una noche".

Con una sonrisa enorme, mi amiga preguntó, "¿Cómo puede mejorar esto?" Le dieron el cuarto, y además le enviaron una botella de champaña a su suite. (¿Cómo puede mejorar esto?)

Puedes usar esta pregunta en cualquier situación. En Nueva Zelandia, el gerente de ventas de un negocio que vendía máquinas de lavar aprendió esta herramienta y se la enseñó a sus empleados. Él les sugirió que hicieran esa pregunta cada vez que vendían algo y cada vez que no realizaban la venta. El personal de ventas lo hizo y al cabo de seis meses el negocio había duplicado sus ventas. Todos estaban dichosos con el éxito y las ventas, lo que hacía que se creara más gozo en el negocio. Si creas una atmósfera en donde las personas están funcionando desde la pregunta y están dispuestas a recibirlo todo, las cosas se mueven rápidamente y las personas disfrutan de sí mismas. Ese es el gozo de los negocios.

No importa si estas vendiendo un servicio o un producto, haz una pregunta cada vez que haces una venta (y después de cada venta que no haces, también) y observa lo que sucede. Hacer preguntas permite que muchas más cosas pasen. También puedes probar con estas preguntas:

+ *¿Qué cosa mágica puedo crear en mi negocio hoy?*
+ *¿Qué se necesita para que el dinero que yo jamás imaginé que fuera posible, aparezca hoy y en el futuro?*

Si estás dispuesto a que esto pase, cosas inesperadas se manifestarán en los lugares más inesperados.

Tienes que reconocer cada posibilidad que aparece y coincide con las objetivos que estás creando para tu negocio, proyecto, producto o cualquier otra cosa que sea. Nadie va a hacerlo por ti. No te sientes a esperar a que alguien venga a decirte que grandioso eres o que brillante es el trabajo que has hecho. Reconoce lo que creas y generas. Por ejemplo, si estas facilitando talleres de Access Consciousness , es un regalo maravilloso cada vez una persona cambia y vez otra posibilidad. Tienes que reconocer que tu estas facilitando eso. Cada vez que tienes "éxito", pregunta, Cómo puede mejorar esto "¿Cómo puede mejorar esto? O ¿Qué más es posible? Si tu puedes hacer esto por ti, todo se expandirá para ti y todos a tu alrededor. Es simple y fácil.

El universo es abundante. Quiere darte regalos.
Accedes a la abundancia del universo cada vez que
haces una pregunta.

Capítulo 5

Realidad y Acoplamiento. ¿Crees en lo imposible?

En el libro de Lewis Carroll, *Through the Looking Glass* (*A través del espejo*), Alicia le dice a la Reina Blanca, "Una no puede creer en cosas imposibles".

La Reina Blanca replica, "¿Por qué, algunas veces yo creo hasta en seis cosas imposibles antes del desayuno?"

Adoro la respuesta de la reina. Expresa el gozo, las posibilidades y la diversión que pueden existir en tus negocios y en tu vida. Pero la mayoría de nosotros ha estado sido arrastrado a pensar como el resto de las demás personas. Se nos ha enseñado que tenemos que vivir en una realidad conformada por las ideas de los otros y limitada por su punto de vista acerca de lo que es posible. Se nos ha dicho que debemos ser "realistas". Nos acoplamos para no creer en cosas "imposibles".

Acoplamiento

Si colocas un montón de relojes juntos en un cuarto, y todos están moviendo sus manecillas a intervalos diferentes, eventualmente el tic-tac de uno con otro, alcanzará una sincronía, hasta que todos los relojes empezarán a emitir su tic-tac simultáneamente. Esto se llama acoplamiento. Esto es lo que nosotros también hacemos. Nos acoplamos a la realidad de los demás en nuestra cultura, nuestra profesión o en lo que sea. Tendemos a creer en las cosas que las otras personas creen, y a hacer las cosas en la forma que ellos las hacen. Para la mayoría de las personas, es cómodo funcionar desde el acoplamiento para conseguir conexiones, y la diaria realidad en sus negocios. Esto es lo que ellos hacen.

Desde el mismo instante en el que te levantas en las mañanas, ¿has estado acoplado con lo que se supone que debes comer, ser, vestir, que horas trabajar, cuando dinero puedes hacer y cuanto no puedes hacer? ¿Estas creando tu realidad financiera con el propósito de imitar lo que otros están haciendo, para ser como ellos? Si es así, es muy probable que estés operando en lo que nosotros llamamos la realidad contextual.

Realidad contextual

La realidad contextual es aquella con la que nosotros nos hemos acoplado. Está basada en el tiempo, las dimensiones, la realidad y la materia. Estas son las cosas que nosotros hacemos reales en la realidad contextual. Pero en verdad, ¿existe el tiempo o es algo que hemos creado? Es algo que nosotros hemos creado. Sucede lo mismo con las dimensiones, le realidad y la materia. Todas son creaciones basadas en la forma en la que nos hemos acoplado a percibir. No están basadas en lo mágico que puede suceder. No están basadas en lo que es verdaderamente posible.

Cuando operas desde la realidad contextual, buscas en donde encajas, en donde te beneficias, en donde ganas y en donde pierdes. La realidad contextual te dice donde encajas en el mundo de los negocios o cuál es tu nicho, y no puedes ir a ningún otro lugar. Te dice como calcular la forma en la que tus negocios te benefician, y como calibrar tu éxito basado en lo que tienes en tu cuenta bancaria.

La realidad no-contextual

¿Qué tal si te saltas los rieles, cambias universos y funcionas desde una realidad totalmente diferente a la que has estado acoplado? Puedes hacer esto. Puedes operar en la realidad no-contextual. En vez de buscar lo que es posible en términos del tiempo, las dimensiones, la realidad y la materia, ¿Qué tal si percibes la energía, el espacio y la consciencia? ¿Cómo sería saber que todo tiene consciencia, inclusive esa silla en la que estás sentado? Todo tiene consciencia. Todo tiene energía. Y entonces, está el espacio. Ah…el espacio. El espacio está en realidad lleno de posibilidades y preguntas.

Funcionar desde la realidad no-contextual te permite tener una capacidad generadora más allá del tiempo, las dimensiones, la materia y la realidad. La realidad no-contextual está más allá de la imaginación. Está más allá de la mente lógica, más allá de los puntos de referencia, más allá de lo que alguien haya hecho antes. Está más allá de lo que tú o yo, hayamos visto como posible. No tiene forma, no tiene estructura, no tiene importancia, no tiene historia. Cuando operas desde la realidad no-contextual, haces preguntas y sigues la energía. Funcionas desde tu conocimiento.

Los sentimientos a menudo están basados en la realidad contextual

En vez de funcionar desde el conocimiento, algunas personas confían en emociones intensas que les permiten "sentir" cuál es la respuesta correcta para sus negocios, por ejemplo cuando van a hacer una determinada inversión, o comprar una propiedad. Ellos dependen de la emoción o de un sentimiento fuerte que les dice que es lo correcto que deben hacer. Básicamente, ellos crean un juicio para tomar una decisión. Estos sentimientos están generalmente basados en la realidad contextual. En otras palabras, ellos están enraizados en la idea de ganar, perder, encajar o beneficiarse. Lo que estoy sugiriendo aquí es que es posible funcionar de manera diferente. Es posible operar desde tus percepciones de la energía, el espacio y la consciencia. Es posible operar desde tu conocimiento, en vez de hacerlo desde tu mente o desde tus sentimientos.

Te invito a que no te refugies en ese espacio de comodidad y acoplamiento. En vez de eso, te invito a que vayas a un lugar en donde funciones desde tu propia consciencia de lo que es posible. ¿Qué pasaría si fueras capaz de creer totalmente en ti mismo y funcionaras desde tu propia consciencia y conocimiento? Imagina como sería tu negocio si simplemente confiaras en ti mismo. ¿Habría más dinero o menos dinero? ¿Habría más gozo o menos gozo? ¿Más diversión o menos diversión?

Por cierto, estar consciente no es cómodo.
Tal vez por eso muchas personas lo evitan.

¿Qué tal si creas tu negocio de la forma en que sabes que puedes crearlo? Si no estuvieras funcionando desde el acoplamiento como fuente de tu modelo de negocio, tu negocio sería una creación que reflejaría el ser que tú eres. No tendrías competidores, ya sea que eres el dueño de una tienda de ropa, una compañía de agua, o un negocio de bienes raíces. Si confiaras en ti mismo, el negocio que creaste sería completamente diferente a cualquier otro negocio. No voltearías a ver ningún otro negocio para saber cómo manejar el tuyo propio.

¿Qué tal si tiempo, dimensiones, realidad y materia son elementos que tu puedes manipular y usar, en vez de esos llamados bloques de construcción de esta realidad? Úsalos, cuando estés trabajando con personas que funcionan en una realidad contextual, pero no te limites por ellos. ¡Cambia los universos! Funciona en una realidad diferente. Yo sé que tú sabes de lo que estoy hablando.

Seis cosas imposibles

Al comienzo de este capítulo, yo citaba la declaración de la Reina Blanca, "¿Por qué, algunas veces yo creo hasta en seis cosas imposibles antes del desayuno?" Para el ejercicio siguiente, yo he jugado con su declaración y he cambiado "el creer en seis cosas imposibles", por el "crear seis cosas imposibles".

¿Alguna vez has creado cosas imposibles? ¿Por qué no? Te invito a que abandones a lo que estés sincronizado para ser, hacer, tener y creer, y te preguntes a ti mismo: ¿Cuáles son seis cosas imposibles que yo he decidido que no puedo crear con mi negocio?

Escribe aquí tus respuestas.

1. _____
2. _____
3. _____
4. _____
5. _____
6. _____

Ahora, observa cada una de tus respuestas y pregunta:

+ *¿Es realmente cierto que esto es imposible?*
+ *¿Qué tendría que cambiar, elegir e instituir para que esto se manifieste?*
+ *¿Qué tengo que traer a mi negocio, a mi vida, a mi forma de vivir para que esto se manifieste?*

Escribe otras seis cosas imposibles.

1. _____
2. _____
3. _____
4. _____
5. _____
6. _____

¿Qué es lo que has decidido que es imposible en tu negocio, tu dinero, tu vida, tu realidad, tus finanzas, tu flujo de efectivo y de moneda? Acertado y equivocado, bueno y malo, POD y POC, todos los nueves, cortos, chicos y más allás

+ ¿Qué cosa mágica puede surgir hoy para ti y tu negocio?
+ ¿Serían las cosas más fáciles en tu negocio si permitieras que lo mágico sucediera?

El reino del nosotros

En la realidad contextual, hacer negocios está casi siempre relacionado con el competir y ganar. Competir es visto como una parte esencial de un negocio convencional. Las compañías compiten la una con la otra, por el mismo grupo de clientes y una intensa competencia es motivada internamente entre los empleados y los departamentos. Las personas piensan que para ser exitosos en los negocios le tienen que arrancar el corazón a sus competidores y hacer todo lo posible para "ganar". Ellos creen que esta es la manera de tener éxito.

Me gustaría sugerir otra forma de abordar el éxito llamada el Reino del Nosotros. En el Reino del nosotros, todos estamos en el mismo planeta, juntos. Todos estamos empujando el vagón hacia el mismo destino. No es acerca de ti, como individuo. El poder real del Reino de Nosotros es poder ser capaces de elegir los que funciona para nosotros y para todos los demás. Es acerca de nosotros, de los seres que somos, y de lo que deseamos crear.

Es un panorama mucho más amplio. No se trata de que seamos un equipo que tiene que jugar las mismas reglas pre-establecidas o de acuerdo con lo que alguien dice lo que se supone que tenemos que hacer, sino de que todos somos capaces de contribuir con algo que puede ser mucho más grande.

¿Qué tal si tu funcionaras desde la contribución en los negocios? ¿Qué tal si todos los negocios en el planeta se contribuyeran los unos a los otros? ¿Qué pasaría si preguntaras qué puedes contribuir tu a los otros negocios y que pueden ellos contribuirte a ti? ¿Qué tal si tu estuvieras dispuesto a contribuir a los negocios de otras personas? Esto no significa que tienes que regalar tu tienda; no significa que tienes que regalar tus ideas y tus diseños; lo que significa es que cuando estás dispuesto a contribuir a todos y a todo, todo contribuirá a la expansión de ti. Cuando contribuyes a todos los negocios, inclusive a aquellos que pertenecen a otras personas, el universo te contribuye a ti. Cuando la contribución y la generosidad de espíritu se convierten en la forma en la que operas tu negocio, la competencia se aleja por la puerta. Se trata de trabajar fuera de la realidad contextual.

Emplea al universo

En una de mis clases del *Gozo de los negocios* alguien me dijo, "Siempre he trabajado muy duro y he tenido una cantidad de trabajos. He sido barman y trabajador de fábrica. Recientemente decidí independizarme y empezar mi propio negocio. Pero no importa lo que yo haga, parece que no consigo salir adelante. Siempre estoy buscando que alguien me diga que es lo que tengo que hacer porque me acostumbré a eso".

Yo le pregunté, "¿Qué tal si emplearas al universo y le pidieras que te contribuyera?" Trata de preguntar: "¿Qué energía, espacio y consciencia podemos ser mi negocio y yo, que nos permitiría emplear al universo por toda la eternidad?"

El universo está aquí para ayudarte.
Si tú pides….el universo te dará.

Estas son algunas preguntas que te ayudarán a desarrollar tu capacidad y disposición para contribuir a (y recibir contribución de) todo en el universo:

+ *¿Qué puedo contribuirle a los socios de mis negocios y empleados?*
+ *¿Qué contribuciones puedo recibir de ellos?*
+ *¿Qué puedo yo contribuir al negocio?*
+ *¿Qué contribución puede el negocio recibir de mi parte?*
+ *¿Qué puede mi negocio contribuirme a mí?*
+ *¿Qué contribución puedo recibir de mi negocio?*
+ *¿Qué puede mi cuerpo contribuirle a mi negocio?*

+ *¿Qué contribución puede mi cuerpo recibir de mi negocio?*
+ *¿Quién o qué puede ser una contribución para mi negocio?*
+ *¿Qué contribución puede mi negocio recibir de otros?*

Te invito a hacer estas preguntas todos los días y a percibir el conocimiento que viene de ti. Hacer preguntas no significa que tengas que formular una respuesta; es acerca de tu disponibilidad para mover la energía y permitir que más posibilidades surjan.

Tú le contribuyes a todo, incluyendo al dinero

A veces invito a la gente a preguntar:

¿Qué puede el dinero contribuirme a mí?

¿Qué puedo yo contribuirle al dinero?

Ellos responden, preguntando, "¿Qué? ¿Cómo puedo yo contribuirle al dinero, de alguna manera?"

Yo respondo, "Tú le contribuyes a tu casa, a tus muebles y a tu carro, cuidando de ellos. ¿No es así? Tú le contribuyes al dinero de la misma manera. Lo nutres par que pueda crecer. Le estas agradecido. Estás entusiasmado y jubiloso cuando tienes dinero. Tú dices, "¡Bravo! ¡Dinero! También contribuyes al dinero, ahorrándolo e invirtiéndolo bien, lo que contribuye a la expansión de tu dinero y a su crecimiento".

Facilidad, gozo y gloria

Una de las más grandes herramientas de Access Consciousness es el mantra de Access: Todo en la vida viene a mí con facilidad, gozo y gloria. Está relacionado con el que "todo" en la vida venga a ti con facilidad, gozo y gloria, no sólo lo que has considerado bueno. Es también acerca de las cosas que consideras malas. Tu sabes, ¿aquellos días en los que te despiertas y la vida no te parece tan maravillosa? ¿O cuando vas al trabajo y te sientes frustrado porque las cosas no surgen de la manera que te gustaría que sucedieran? ¿O cuando tienes miles de cosas por hacer, y no tienes ni idea como las vas a cumplir todas?

No importa qué clase de día hayas tenido, no importa lo que esté pasando, usa el mantra, "Todo en la vida viene a mí con facilidad, gozo y gloria". Repítelo una y otra vez. Las cosas empezarán a cambiar para ti. Tú le estas pidiendo ayuda al universo para que todo en la vida venga a ti con facilidad, gozo y gloria.

Todo en la vida viene a mí
con facilidad, gozo y gloria.

Capítulo 6

Humanos y humanoides. Deja de juzgarte

Antes de conocer a Gary Douglas y de empezar a tomar las clases de Access Consciousness en ocasiones me sentía como si fuera una extraña criatura que no encajaba en ningún lugar en este planeta. Entonces, un día en una de las clases, Gary habló acerca de dos diferentes especies de seres que habitan el planeta tierra, los humanos y los humanoides. El preguntó, "Cuándo eras un niño, ¿eras mucho más productivo al hacer tus tareas escolares, cuando la radio y la televisión estaban encendidas y la gente estaba alrededor tuyo? Cuando esto sucedía, ¿lograbas hacer las cosas con más facilidad? Esa era yo.

El continuó explicando, "A los humanoides con frecuencia se les dice que están equivocados por la manera en la que hacen las cosas. Se les dice que tienen que enfocarse en una sola cosa al mismo tiempo". Esa era yo también. Mientras Gary continuaba hablando acerca de los humanos y de los humanoides, comprendí que no estaba equivocada, ni era rara. Yo era simplemente una humanoide.

Los humanoides trabajan mejor cuando tienen al menos cuatro o cinco proyectos, o varios negocios diferentes marchando al mismo tiempo. Si los humanoides tienen una sola cosa para hacer, ellos harán algo parecido a la procastinación. Pero no es realmente procastinación; lo que sucede es que realmente necesitan hacer varias cosas al mismo tiempo, para trabajar más rápido. Cuando estas frente a la computadora, ¿tienes diez documentos diferentes abiertos al mismo tiempo? Si es así, es muy probable que seas un humanoide. Haces las cosas más rápido que los humanos. Los humanos tienden a trabajar más lentamente. Casi siempre les gusta hacer una sola cosa a la vez hasta que la completan, y entonces empiezan a trabajar en la siguiente.

¿Disfrutas lo que haces?

Los humanoides tienden a disfrutar enormemente su trabajo. En ocasiones, no importa realmente lo que están haciendo. Se entusiasman por lo que pueden generar. Su actitud es: "¿Qué es lo próximo que podemos hacer?" A veces estas personas se avergüenzan al decir que a ellos les encanta trabajar. ¿No has reconocido que a ti en realidad te gusta trabajar y que eres una de esas personas raras que disfrutan de los negocios? ¿O que funcionas desde la perspectiva del gozo de los negocios? ¿O que tu eres el gozo de los negocios? Los humanos tienden a tener una perspectiva diferente. Ellos dicen cosas como, "uy, es miércoles, sólo la mitad de la semana". O "es lunes, todavía me faltan cinco días más".

¿Te juzgas a ti mismo?

Otra gran diferencia entre los humanos y los humanoides tiene que ver con el juzgar. Los humanoides tienden a juzgarse ellos mismos. Ellos observan lo que han hecho equivocado, o se enfocan en lo que hubieran podido haber hecho mejor, a pesar de haber logrado grandes cosas. ¿Suena a que estamos hablando de ti? ¿Percibes siempre que hay algo equivocado en el trabajo que has realizado, o que hubieras podido haberlo hecho mejor, más rápido, más limpio, o más barato? Bien, ¿adivina qué? No había nada malo en lo que hiciste. Probablemente eres un humanoide, y los humanoides se juzgan a sí mismos, con obstinación.

Por el contrario, los humanos están obstinados en juzgar a los otros. En vez de reconocer que cada persona tiene diferentes capacidades y diferentes perspectivas en un proyecto, en un trabajo o en un negocio, los humanos tienden a quejarse, juzgar a los otros y a hablar acerca de los que los otros hicieron o no hicieron. Sus conversaciones están llenas de expresiones como esta: "Él tendría que haberlo hecho de esta manera", o "Ella nunca lo podría hacer bien".

Los humanos, los humanoides y el dinero

Otra distinción entre los humanos y los humanoides tiene que ver con su percepción del dinero. La mayoría de los humanos están felices si tienen un salario, así ellos saben cuándo dinero van a tener cada semana. Tienden a creer que tienen que trabajar muy duro por su dinero, y por lo general el trabajo les parece difícil y sin gozo.

Los humanoides están por lo general menos preocupados acerca del dinero y son menos propensos a quedarse en el mismo trabajo sólo para ganarse un salario regular. No realizan sus negocios y su vida alrededor del dinero. No es lo que los motiva a crear o generar algo. Ellos están más enfocados en el aspecto creativo del negocio. Si eres así, sería bueno empezar a pedir que el dinero surja en tu vida. ¿Qué tal si tu creatividad puede transformase en dólares en tu cuenta bancaria?

¿Cambias de trabajos o de profesión con frecuencia?

La mayoría de los humanos están conformes con la vida que llevan. No parecen estar interesados en cambiar nada, mientras que los humanoides están siempre buscando algo nuevo. Ellos siempre desean cambiar. Un humanoide es una persona que ha tenido unos veinte trabajos diferentes en unos pocos años. La gente les dice, "No eres una persona estable".

Los humanoides dicen, "¿Qué quieres decir?" Ellos están simplemente probando un montón de cosas diferentes. ¿Te describe esto a ti? ¿Trabajas sólo en lo que te gusta, alcanzas la perfección pronto, entonces te aburres y empiezas a hacer otra cosa? ¿Prefieres morir antes que quedarte haciendo la misma cosa por el resto de tu vida? No trates de apegarte a una sola cosa. Esa es la antítesis del ser que eres.

Antes de saber acerca de la existencia de los humanos y de los humanoides, me sentía mal porque estaba continuamente cambiando y buscando algo diferente. Además de eso, me causaba estupor el que otras personas no quisieran cambiar, o que no estuvieran buscando algo más. La descripción de los humanos y de los humanoides me ayudó a entender esto. Dejé de sentirme mal por mi manera de ser. Y también entendí mejor a las personas alrededor mío que no deseaban buscar algo más.

¿Qué es lo que los demás aman hacer o ser en los negocios?

Hacer la distinción entre humanos y humanoides no tiene como finalidad juzgarlos. La finalidad es tener consciencia de que existen estos dos tipos de especies en el planeta. Es crear una mayor serenidad y claridad para ti en tus negocios y en tu vida. Entender la diferencia entre humanos y humanoides me ha dado la consciencia de lo que cada persona ama hacer y ser en el mundo de los negocios. Me ha dado también claridad, serenidad, y consciencia acerca de cómo tratar a la gente. Espero que esta información también te sea útil para ti, así como también te motive a dejar de juzgarte a ti mismo.

¿Qué tal si nunca hubieras estado equivocado?
¿Qué tal si dejaras de juzgarte a ti mismo?
¿Cómo serían tu vida y tu negocio?
¿Crearías más o menos dinero?

Capítulo 7

Haciendo millones de cosas con facilidad

Sigue la energía

Hablé recientemente con una mujer que tiene diversos intereses y negocios y se preguntaba cómo podía manejar todo los proyectos y negocios en los que estaba trabajando. Algunas veces las personas tienen dificultad para coordinar todas las diferentes áreas de su negocio o de su vida, y se preocupan porque no pueden manejarlo todo. ¿Te describe esto a ti? Contrario a lo que podrías pensar, volverte súper organizado o súper organizada, no es la respuesta. En este punto es en donde tienes que seguir la energía y funcionar desde tu propio espacio infinito.

Trata este ejercicio:

+ *Cierra los ojos por un momento, expándete fuera de ti y siente las orillas exteriores de tu ser. Sigue expandiéndote hacia las orillas más allá de tu propio cuerpo y continúa haciéndolo. Sigue expandiéndote fuera de tu ser. ¿Puedes sentir los límites de tu ser? O ¿Puedes seguir expandiéndote hacia el más allá? Cuando te expandes de esta manera puedes tener consciencia a través de todo el planeta. Cuando te contraes, sólo tienes cons-*

ciencia de dos, tres o cuatro personas. Si te das cuenta de que no tienes consciencia del planeta completo, práctica el expandirte afuera de tu propia consciencia. Es como un músculo que necesita desarrollarse. Sigue practicándolo.

A la vez que practicas el expandirte fuera de ti hacia el universo, encontrarás que es mucho más fácil funcionar desde tu propio espacio infinito. Esto te permite tener una mayor consciencia del mundo. Puedes percibir la energía de lo que está ocurriendo donde quiera que pones tu atención, y cuando sientes un tirón en cierta dirección, te enfocas en ello y sabes qué es lo que tienes que hacer.

Cuando tienes 30 proyectos diferentes desarrollándose al mismo tiempo, no necesariamente significa que tengas que trabajar en los 30 proyectos todos los días. Lo que significa es que todos ellos están en tu consciencia. No los expulsas de tu consciencia. Es acerca de la posibilidad de estar consciente, de saber cuándo trabajar en algo o cuando necesitas invitar a alguien para que te ayude. Es regresar a la sugerencia de hacer preguntas y permitirle al universo que te ayude. (Recuerda, has contratado al universo para toda la eternidad.)

Seguir la energía

Seguir la energía consiste en recibir la energía de lo que tu negocio y tu vida pueden ser y en seguir cualquier cosa que surja y concuerde con esa energía. Cuando sigues la energía de lo que sabes que puedes ser, no estás funcionando desde el acoplamiento como fuente de conexión. Estás funcionando desde tu percibir, conocer, ser y recibir, infinitos. Las posibilidades van mucho más allá de lo que tu mente lógica conoce. Esas posibilidades están más allá del tiempo, las dimensiones, la realidad, y la materia. Haces la pregunta y no tienes ni la menor idea de cuál será la respuesta, ni de qué se te pedirá que hagas o seas, -y estás preparado para ser eso, y para tomar acción con eso. Cuando sigues la energía, nunca sabes que es lo que se va a surgir. Como mi amigo, el Dr. Dain Heer, dice, "Ese algo nunca luce de la manera que tú piensas que iba a lucir". "Así que no puedes sacar conclusiones en ningún momento".

Sigue la energía de tu negocio

Cuando tenía una oficina, yo iba a trabajar allí todos los días, pero había algunos días en los que ni el negocio, ni yo, deseábamos trabajar. Rápidamente aprendí a estar fuera de la oficina en esos días. En vez de ir a la oficina, me iba al cine, o a almorzar fuera, a nadar, o a hacer algo, dedicado a mí. Hacía algo que yo deseaba hacer, porque sabía que no iba a ser productivo estar en la oficina. Otros días en cambio, trabajaba hasta pasada la media noche y a veces lograba adelantar una semana de trabajo en cuatro o cinco horas. No des por cierto el punto de vista de los demás acerca de lo que tu negocio requiere. No puedes darte ese lujo. Tú sabes lo que tu negocio necesita.

Cuando estoy trabajando mi único deseo es generar. No estoy pendiente de los horarios en los que trabajo. A veces, esto crea escenarios interesantes. En algún momento, en Good Vibes trabajamos con un equipo de logística y cuando ellos observaron los horarios irregulares en los que nosotros trabajábamos, nos dijeron que teníamos que dar la impresión de estar haciendo negocios de 9 a 5. Nos miramos los unos a los otros y nos dijimos, "¿Qué?", porque nosotros habíamos hecho llamadas a las 9 de la noche un sábado en la noche. Habíamos enviado correos los domingos por la tarde. Ellos nos dijeron: "Guarden todos los correos y envíenlos el lunes en la mañana". Nosotros dijimos "¿Qué?" Alguien en los Estados Unidos una vez le dijo a mi socia, "Simone me llamó ayer, en domingo. No sé si ella se dio cuenta que aquí era domingo". Mi socia sonrió, y dijo, "Simone no se dio cuenta de que era domingo, porque para ella todos los días son días de trabajo, y todos los días son días de fiesta. Seguir la energía y hacer las cosas en su propio tiempo y a su manera es parte del gozo de los negocios".

¿Qué tal si crearas tu negocio y tu vida de forma diferente cada día?

Hace muchos años, cuando viajaba alrededor del mundo, conocía nuevas personas cada día cuando iba de un lugar a otro. Haciendo esto, comprendí que yo podía crear mi vida, de forma diferente, cada día. No había expectativas que yo tuviera que alcanzar, ni obligaciones que yo tuviera que cumplir. Yo podía ser quienquiera que yo deseara ser. Yo podía hacer cualquier cosa que yo quisiera hacer. Nada era importante. Yo podía crearme a mí misma para ser diferente cada día. Yo nunca sabia en donde iba a comer, en donde iba a dormir esa noche, a quien yo iba a conocer ese día o cómo serían las cosas ese día.

¿Por qué nosotros no elegimos crear esa misma sensación de aventura en nuestros negocios y en nuestra vida, todos los días? Qué tal si nos despertáramos cada mañana y preguntáramos "¿Cómo me gustaría que mi negocio luciera hoy? ¿Qué tal si crearas tu negocio y tu vida de forma diferente cada día? ¿Qué tal si sigues la energía y si funcionas desde tu propio espacio infinito?

¿Qué es el espacio infinito?
Es el espacio que tu creas en tu realidad cuando no hay
conclusiones, no hay limitaciones, no hay expectativas,
sólo la pregunta, la petición y la elección.

Capítulo 8

Tú no eres tu negocio

Un día estaba caminando por una de las calles de Sydney, y alguien dijo, "Mira, ahí va la mujer de Good Vibes". Esto me pareció gracioso al principio. Sin embargo, cuando lo pensé un poco más, me di cuenta que me había identificado tanto con mi negocio, que no sabía ya quién era yo, si no estaba involucrada con Good Vibes. Yo pensaba que yo era mi negocio. Y ahora sé que eso no es cierto. Mi negocio es una entidad separada, por sí misma. Es algo que yo facilito. Yo le contribuyo a mi negocio todos los días, y le permito a mi negocio contribuirme a mí, pero eso no significa que yo sea mi negocio. Si yo me hubiera permitido a mí misma seguir bajo la identidad de "la mujer de Good Vibes", entonces nunca hubiera recibido la posibilidad de trabajar con Access Consciousness. Hubiera bloqueado otras posibilidades también, para mantener mi identidad en su lugar.

Si te identificas con tu negocio y piensas que eres el negocio, entonces tratas de dirigir las cosas de la manera en que piensas que deberían ser e inadvertidamente limitas lo que es posible. Verte a ti mismo como el negocio también significa que si el negocio fracasa, tú también tienes que fracasar, o que estás obligado a vivir el fracaso en vez de tener la consciencia de decir, "Está bien, fue divertido. Ahora es el momento de seguir adelante". Es como forzar la existencia de una relación. Todos hemos tratado alguna vez de hacer esto, y hemos aprendido que no funciona. Si es el momento de desprenderse de algo y de dejarlo ir, es el momento de dejarlo ir.

Todo tiene consciencia, inclusive tu negocio. Un negocio tiene sus propios deseos sobre cómo desarrollarse, y cuando tú recibes y permites esto, puede ser mucho más exitoso. Siempre le pregunto a mi negocio, que le gustaría hacer, a quién le gustaría conocer, y con quién le gustaría estar involucrado. Puede que no recibas una respuesta cognitiva a estas preguntas; eso está bien. De lo que se trata es de hacer las preguntas y permitir que la energía se manifieste para que te guíe acerca del siguiente paso que debes dar. Todo lo que tienes que hacer es estar dispuesto a recibir y a elegir.

Hazle preguntas a tu negocio y tu negocio te dará la información. Si preguntas, tu negocio se encargará de crear y generar la energía que atraerá a los clientes, los contratos, o cualquier cosa que sea necesaria.

Hay varias preguntas que puedes hacerle a tu negocio, proyecto, o compañía:

+ ¿Qué puedo contribuirte a ti hoy?
+ ¿Qué es lo siguiente que a ti te gustaría crear?
+ ¿Qué es lo que a ti te gusta hacer?
+ ¿Dónde te gustaría estar hoy?
+ ¿Con quién te gustaría hablar?
+ ¿Con quién te gustaría involucrarte?

Tener consciencia de que tu negocio es una entidad independiente hace de tu vida como persona de negocios, mucho más fácil y te permite divertirte mucho más. Ser un negocio es un trabajo bastante difícil. Hay que trabajar mucho más cuando intentas ser el negocio mismo.

Hace algún tiempo me di cuenta que yo era mucho más expansiva en el trabajo que hago como Coordinadora Mundial de Access Consciousness que en el trabajo que hago con Good Vibes for You. Un dia cuando estaba hablando con Gary le pregunté, "¿Por qué será que cuando trabajo en Access, puedo tener más espacio y estar más consciente? Puedo ver el mundo entero y más allá, y sé que hacer y a quien contactar. No pasa con esta facilidad con Good Vibes".

Gary dijo, "Es porque tú eres la dueña de Good Vibes".

Me di cuenta de que él tenía razón, así que re-diseñé mis tarjetas de presentación, Good Vibes. Ahora dicen, "Simone Milasas, Coordinadora Mundial" en vez de decir "Simone Milasas, propietaria". Esto me ayuda a recordar que yo no soy Good Vibes. Yo no soy la dueña de Good Vibes. Yo estoy coordinando el negocio mundial de Good Vibes for You. Hacer esto me ha ayudado a operar desde un lugar mucho más expansivo.

Estuve hablando sobre esto con una mujer muy talentosa que es músico y actriz. Ella me dijo, "Esto es fascinante. Yo amo actuar e interpretar música, pero estana rechazándolo porque no quería que esas cosas me definieran. Yo pensaba, 'Si hago esta cosa, entonces no voy a poder hacer esta otra, porque entonces eso sería lo que yo soy'. No quiero limitarme a mí misma en esa forma. Me doy cuenta ahora que yo puedo hacer todas esas cosas sino me identifico con ellas".

No importa qué clase de negocio tienes, el negocio no eres tú. Cuando te defines a ti mismo como tu negocio, limitas lo que puedes ser, hacer, tener, crear y generar. Renuncias a tu consciencia y tu habilidad para recibir posibilidades infinitas.

Sin embargo, cuando ves a tu negocio como una entidad separada y te ves a ti mismo como su facilitador, tienes mucha más libertad y mucho más espacio. No te conviertes en beneficiario del éxito de esa entidad particular, lo que te permite recibir mucha más información acerca de lo que es posible.

Dale a tu negocio un trabajo

Cuando comprendes que tu negocio es una entidad independiente, le puedes asignar un trabajo. Le puedes dejar saber que su trabajo es hacer dinero para ti. Pídele que genere una corriente de efectivo. El negocio dirá, "¿Oh, estoy haciendo dinero para ti? ¡Perfecto!". Cuando hablo sobre Good Vibes, Joy of Business o Access Consciousness casi siempre me refiero a ellos como "uno de los negocios con los que hago dinero". Esto les recuerda a ellos que su trabajo es hacer dinero.

Transforma tus conclusiones en preguntas

Detente por un momento y observa todas las áreas en las que hayas hecho conclusiones acerca de tu negocio. Cada vez que dices "Esto no está funcionando" o "Esto no va a funcionar" o cualquier otra conclusión, matas aquello de lo que te estás percatando. En vez de eso, pregúntale a tu negocio: ¿Qué pregunta debo hacerte? Digamos que tienes una granja, y has decidido que ya no está produciendo. Intenta preguntarle a la granja:

+ *¿Qué necesitas?*
+ *¿Hay algo que necesita cambiar?*
+ *¿Podemos cambiarlo?*
+ *¿Cómo lo cambiamos?*

Puede suceder que estés intentando sembrar maíz, y la granja quiere que siembres manzanas. ¿Qué conocimiento tiene la tierra? ¿Habrá una sequía pronto? ¿Deberías estar sembrando algo diferente? Todo tiene consciencia, así que a todo le puedes pedir información. ¿Qué tal si puedes crear y generar tu negocio de este modo, en vez de estar tratando de hacerlo todo tu solo?

Cuando le haces preguntas a tu negocio, no puedes tener un punto de vista acerca de lo que la respuesta. Tienes que estar dispuesto a recibir la energía que cualquier persona, incluso tu negocio, te envía. Recibes todos los puntos de vista, sin juicio. Ppreguntas, ¿Qué me gustará? Entonces te asomas al negocio o al proyecto y preguntas, ¿Qué necesitas? Después de esto, eliges. Y después puedes hacer otra elección, y otra elección, porque cada elección que haces puede ser buena por diez segundos. La elección siempre creará más consciencia.

Todo tiene consciencia inclusive tu negocio.
La elección crea consciencia,
la consciencia no crea la elección.

Dr. Dain Heer.

Capítulo 9

Objetivos vs Metas.
¿Qué es el éxito para ti?

¿Qué es el éxito para ti? Para muchas personas el éxito es un valor monetario. Está relacionado con la cantidad de dinero en una cuenta bancaria o las cifras en un reporte de ganancias y pérdidas. ¿Qué tal si tener éxito en los negocios esté relacionado con algo más? ¿Qué tal si el éxito no es solamente obtener ganancias? ¿Que tal si hay un objetivo más grandioso para tu negocio y para ti? Y ¿Qué tal si el dinero surge cuando estás generando y creando la energía de lo que crees es posible para tu negocio? ¿Sabes qué? Así es.

Para mí, hacer negocios está relacionado con cambiar el mundo. Soy solamente una australiana que desea hacer una diferencia en el mundo. Si yo hubiera decidido que esto no es posible, no estaría escribiendo estas palabras ni estaría facilitando las clases del Gozo de los Negocios. Si una persona lee este libro o asiste a una de las clases y sale de ahí cambiada, aunque sea mínimamente por algo que yo he dicho, entonces soy un éxito.

¿Qué es para ti el éxito? Cuando reflexionas acerca de lo que el éxito significa para ti, debes empezar a pensar acerca de cuáles son tus metas. Antes de hacerlo, te invito a que consideres la diferencia entre una meta y un objetivo. Un objetivo siempre se está moviendo. Un objetivo es algo a lo que siempre puedes aspirar, inclusive mientras las cosas cambian. Por otra parte, una meta es algo que esta fijo en un lugar. Una meta es algo más rígido o sólido. Una meta involucra expectativas, que en la mayoría de los casos conducen a la desilusión y al juicio. La meta es finita, mientras que el objetivo es infinito.

La energía de enfocar un objetivo es distinta a la energía de alcanzar una meta. Es más liviana. Una meta en cambio es más como una *penitenciería*, es decir una cárcel. Si no alcanzas esa meta, te juzgarás a ti mismo. Y si la alcanzas es algo así como llegar al final de la carrera. ¿Qué haces después? De cualquier modo, alcanzando o no alcanzando la meta, te limitas a ti mismo.

¿Cuál es tu objetivo?

Cuando le pregunté a un amigo qué objetivo deseaba crear en su negocio, él me dijo, "No tengo ningún objetivo. Lo único que quiero es abrir un viñedo".

Yo le dije, "Si haces una pregunta, la consciencia de tu objetivo surgirá" y entonces empecé a hacerle preguntas. Le pregunté, "¿Qué impacto deseas que el viñedo tenga en el mundo o en la gente? ¿Para quién es el vino?

El respondió, "Bien, lo que amo del vino es la intimidad que a veces genera entre las personas".

Yo le dije, "Excelente. Ese es uno de tus objetivos". Entonces le pregunté "¿Que otra energía viene a ti en conexión con la creación del viñedo?"

Respondió 'Es una invitación a las personas a que disfruten de sí mismos y del vino, y a participar en la elegancia y decadencia de la vida. Está relacionado con tener más de lo que deseas o más de lo que la realidad te permite. Es hedonista. Y también está la energía de trabajar y jugar con la tierra".

Le dije, "Excelente, te gusta la elegancia, decadencia e intimidad en tu vida así como también para tu negocio y sabes que te gusta trabajar y jugar con la tierra".

Él dijo, "Si, me gusta ser un administrador de la Tierra".

Establecer estos objetivos fue un buen comienzo para generar su negocio, porque como ya lo he dicho, los objetivos siempre están cambiando.

Conozco una facilitadora de Access Consciousness que desea crear conocimiento y consciencia en el planeta. Ese es su objetivo. Ella trabaja con hombres que están en prisión, a pesar de que no recibe un pago por este trabajo. Ella dice, "Se siente ligero. Es gratificante. Es gozoso y es divertido. Es traer tantas cosas al mundo". Al elegir el trabajo con estos hombres en prisión, todas las semanas, ella está abriendo universos a un mayor conocimiento y consciencia.

Cuando sabes cuál es tu objetivo y reconoces la energía que viene hacia ti con ese objetivo, puedes invitar esa energía a tu vida. Cada vez que surja algo que concuerde con esa energía, elígelo. No tiene importancia si representa dinero, o si es una persona que llega a tu negocio, o alguien que se va de tu negocio, o un cambio total de servicio o de producto. Si concuerda con la energía de tu objetivo, elígelo.

Mi objetivo por un largo periodo de tiempo fue inspirar a las personas a ver el mundo de una manera diferente. Yo no sabía cómo se vería eso; sin embargo, empecé a invitar esa energía dentro de mi vida. Empecé Good Vibes For You y después conocí a Gary Douglas, quien me presentó a Access Consciousness .

Cuando estaba tomando la decisión de si debía o no ir a San Francisco para asistir a la primera gran clase de Access Consciousness con Gary, tenía un montón de deudas. No estaba segura si viajar era lo correcto, así que hablé con mi papá quien en esa época era mi contador. Mi papá me dijo, "Bien, el viaje te va a costar alrededor de $10,000.00 dólares, cuando sumes todos los gastos. Es bastante dinero, pero sin embargo creo que debes ir para saber si realmente es eso lo que quieres hacer con tu vida". En su forma muy personal, el me aconsejó seguir la energía y no basar mi decisión en la cantidad de dinero que el viaje me costaría, sino más bien en lo que yo quisiera que fuera mi vida. Estoy muy agradecida con él por eso.

Yo hubiera podido encontrar miles de razones para no ir. Hubiera podido decir, "Oh, me encantaría ir, pero no tengo el dinero. No puedo hacerlo", y eso hubiera matado todas las posibilidades futuras y todo lo que mi vida es ahora. En vez de eso, seguí lo que correspondía a la energía de lo que yo quería ser, no importando cómo se vería y eso ha generado más consciencia en el planeta, que era mi objetivo original. ¿Qué más es posible?

+ *¿Cuántas posibilidades futuras has cortado? ¿Estarías dispuesto a descrearlo y a destruir todo lo que eso sea, por un dioszillón? Acertado y equivocado, bueno y malo, POD y POC, todos los nueves, cortos, chicos y más allás.*

+ *¿Cuál es tu objetivo? ¿Qué es lo que a ti te gustaría crear, generar e instituir?*

+ *En cualquier lugar en el no hayas estado dispuesto a percibir, saber, ser y recibir todo lo que concuerda con tu objetivo, ¿lo destruyes y descreas, por un dioszillón? Acertado y equivocado, bueno y malo, POD y POC, todos los nueves, cortos, chicos y más allás.*

Usa preguntas para generar tu objetivo de utilidades

También puedes establecer objetivos de utilidades para tu negocio. Estuve conversando con un productor de leche que me dijo, "Hemos decidido tener un cierto número de vacas y ellas nos producen una cierta cantidad de leche que nos produce un determinada cifra de utilidades para nosotros. Hemos decidido no incrementar el número de vacas que tenemos pero queremos incrementar nuestras utilidades. ¿Cómo podemos hacer esto?

+ Yo pregunté, "Entonces, ¿necesitas más información?
+ Él me dijo, "No".

Bromeando le dije, "Bien, podrías preguntar, '¿qué se necesita para que nuestras vacas sean mágicas y produzcan cuatro veces más la cantidad de leche?' Tal vez eso suceda, pero lo que yo sugiero es que tengas noción de cuánta leche producen las vacas. Después haz una pregunta como ¿Qué otra cosa tengo que hacer o agregar a mi negocio para generar nuestro objetivo de utilidades? Tal vez tengas que tomar una clase de Access Consciousness o tengas que conseguir más vacas. Si tú estás dispuesto a tener una mayor consciencia, entonces existe la posibilidad de que puedas generar más. Tal vez necesitarías administrar otra granja. No necesariamente tendrías que ser el dueño. Puedes sólo administrarla y la producción de leche pudiera ser del doble. Podrías preguntar, 'Bien, si podemos hacer esto con una granja, con cuántas otras granjas más podríamos hacer lo mismo'. O podrías preguntar '¿Cuánto me estoy limitando a mí mismo con el ganado que tengo ahora?' ¿Qué más es posible?

Desde entonces ellos han incrementado la variedad de sus productos, y recientemente iniciaron la comercialización de una crema deliciosa, de muy buena calidad, que se ha hecho muy popular y que está vendiéndose muy bien.

Cuando estableces un objetivo, tienes que fijar tu vista en algo que esta fuera de ti, más allá de ti. Tienes que estar preparado para salir y hacer algo, de otra manera no podrás ir más lejos de donde ahora estas. Tienes que ir más allá de todos los esquemas del tiempo, dimensiones, realidad y materia. "Hoy voy a ser diferente. Y mañana voy a ser diferente también".

No permitas que tus objetivos se conviertan en decisiones

Amo establecer objetivos. Pero también estoy consciente de la forma en la que estos objetivos me pueden limitar. Los objetivos se pueden convertir en decisiones estáticas. O puedes tener un interés particular en el resultado. En el momento en el que algo deja de ser tan ligero y jubiloso como lo fue cuando yo originalmente lo elegí, sé que se ha vuelto una decisión.

Cuando empecé a facilitar los procesos de Access Consciousness con las personas, yo tenía un interés particular en el resultado. Yo hacía una sesión privada con alguien y si esta persona parecía no "entender" el proceso, yo me hacía añicos. Este no era definitivamente el gozo de los negocios. He cambiado mi enfoque ahora. Sé que la persona con la que estoy trabajando puede llevarse consigo una pequeña herramienta, y esa pequeña herramienta puede expandir su vida en una forma inimaginable. Una semana más tarde algo que yo dije, puede, de repente, captarse. El cambio se manifiesta de modos tan diversos. No puedes tener un interés particular en el resultado porque nunca sabes verdaderamente cual será el resultado.

Digamos, por ejemplo que estás planeando dar una clase. Haz hecho todo lo que puedes para comunicarle a todos y tienes un objetivo "x" número de personas para que vengan. Esta bien que tengas un objetivo, pero después tienes que despegarte de él. ¿Qué tal si sólo una persona se presenta? Nunca sabes, con esa única persona, qué es lo que vas a cambiar. Esto me pasó a mi. Años atrás yo fui la única persona que llegó a una clase de Introducción acerca de Access Consciousness. Me sente ahí y escuhé al tipo que estaba dando la clase y pensé "este tipo está loco." Pero cuando me desperté la siguiente mañana, sabía que algo era muy diferente. Le llamé y le dije "¿qué me hiciste?" Soy diferente. Ese fue el principio de una nueva dirección en mi vida.

Digamos que estás a punto de ir a una exposición y que tu objetivo es ponerte en conecto con tantas personas como te sea posible. Calibras el éxito de haberse asistido a la exposición basado en el número de nombres y números telefónicos que traigas contigo. De repente, el éxito es algo diferente. ¿Qué tal si de alguna manera transformas la vida de la persona que está colectando los tickets sólo por ser tú mismo?

Imagina lo que harías si supieras que no puedes fracasar

A veces las personas se abstienen de ir tras sus objetivos porque tienen miedo de fracasar. ¿Qué es el fracaso, de todas maneras? Vamos; intenta definirlo. ¿De verdad alguna vez fracasas? O, ¿es más bien que tu generaste algo que no resultó de la manera en que lo visualizaste? ¿Cómo equivale eso a "fracaso"? Los objetivos están están siempre moviéndose; siempre están cambiando.

"En todas partes en las que no hayas estado dispuesto a funcionar desde el lugar de "imagina que harías si supieras que no puedes fracasar", ¿lo destruyes y lo descreas, por un dioszillón? Acertado y equivocada, bueno y malo, POD y POC, todos los nueve, cortos, chicos y más allás".

Capítulo 10

Dispuesto a cambiar

¿Árboles de naranja o árboles de limón?

A veces me encuentro con personas que sacan conclusiones acerca de lo que su negocio será en vez de hacer preguntas acerca de lo que su negocio puede ser. Digamos que un grupo de personas decidieron empezar una compañía para hacer jugo de naranja. Puede ser que ellos se hayan preguntado, "¿Qué necesitamos? Árboles de naranja. ¡Perfecto! Ellos compran una cantidad de árboles de naranjas y los siembran. Los árboles empiezan a crecer y los dueños del negocio están entusiasmados con el jugo de naranja que producirán. Ellos llegan a esta conclusión, "Vamos a vender el mejor jugo de naranja en este país" y ellos empiezan a organizarlo todo para que su compañía tenga muchísimo éxito. Los árboles continúan creciendo y las personas cuidan de ellos con esmero. Los riegan, y los fertilizan. Un día las primeras flores aparecen. Estas personas están muy entusiasmadas. "Pronto tendremos las naranjas" Entonces nacen los frutos. Pero no son naranjas, son limones.

Vivir en el universo de las posibilidades infinitas sería, "¡Oh, limones!¿Qué es lo bueno de esto que no estamos percibiendo?

¿Qué negocios podemos crear con los limones? Podemos hacer limonada o podemos hacer pasteles de limón.

La mayoría de las personas no explora esta alternativa. Dicen, "¡Ay, no funcionó!, y cortan los limoneros. Destruyen un regalo que les ha dado el universo, porque el regalo es diferente al que ellos esperaban. Esto no tiene que ocurrir de este modo. Los negocios y las compañías pueden cambiar instantáneamente si estás dispuesto a cambiarlas. En efecto, tu vida entera puede cambiar así de rápido también; sólo tienes que estar dispuesto a que todo sea posible.

Pregunta, demanda, elección y contribución

Los cuatro elementos para hacer cambios en tu negocio y en tu vida son la pregunta, la demanda, la elección y la contribución. Haces la pregunta que abre las puertas a oportunidades grandiosas. Haces una demanda de lo que deseas y requieres, lo cual creará la energía generativa necesaria para traer algo a tu existencia. Y eliges algo. Eliges en incrementos de diez segundos, sabiendo que ninguna de las elecciones que haces están fijas en un solo lugar. Eliges algo y después tienes conocimiento de algo nuevo y eliges otra vez. Hacer una elección te da el conocimiento de lo que es posible. Todo esto es una contribución; contribuye a tus posibilidades y a las de tu negocio.

¿Estás dispuesto a cambiar?

Se necesita una persona rara para crear un negocio y ser a la vez su director ejecutivo. A veces el fundador de una compañía, que actúa como director ejecutivo, se queda atrapado en su visión original del negocio y se torna reacio a cambiarlo. Esto sucede porque la mayoría de los fundadores de negocios tienden a formar tantos puntos de vista y conclusiones cuando ellos empiezan un negocio que no pueden ver las posibilidades presentes y futuras. Ellos tienen puntos de vista rígidos acerca de lo que el negocio es, y estos puntos de vista se convierten en obstáculos dentro del negocio. Cuando las personas vienen a ofrecer algo grande para el negocio, el fundador no puede verlo o reconocerlo. Ellos no quieren cambiar absolutamente nada, a pesar de que el cambio sea exactamente lo que se necesite. Ellos terminan matando su negocio.

Yo casi hago esto con Good Vibes for. Mi objetivo con éste negocio era cambiar la forma en la que las personas veían el mundo, y una vez que conocí a Gary Douglas y empecé a usar las herramientas de Access Consciousness, supe que lo que Access estaba ofreciendo correspondía totalmente con el objetivo que tenía con Good Vibes for You. Después de un tiempo, quería dedicarme a Access Consciousness de tiempo completo. Y pensé que la forma de hacerlo era destruir Good Vibes for You.

Gary se dio cuenta de lo que yo estaba haciendo y me preguntó, ¿Por qué tienes que destruir Good Vibes?"

Le dije, "Porque ahora me gustaría dedicarme a Access Consciousness". (¿Ves la pregunta en mi respuesta? No. Era sólo una conclusión).

El me preguntó, ¿Por qué no puedes hacer ambas cosas? ¿Podría Good Vibes cambiar? O ¿Podrías invitar a alguien más a tu negocio?

Esas preguntas me cambiaron la vida. Antes de eso, yo tenía el punto de vista de que yo debería tener una sola empresa. Yo estaba acoplada para creer que una empresa era suficiente para una persona. Desde entonces me he dado cuenta que una sola empresa no es suficiente para mí. Después de mi conversación con Gary, me di cuenta que destruir el negocio no era mi única opción. ¡Podía transformarlo! Contraté una gerente de negocios, le di el 50% del negocio y ella empezó a administrarlo. Esto me ha permitido hacer el trabajo que yo deseaba en Access Consciousness , y conservar Good Vibes for You también.

¿Cuantas veces has empezado a cultivar naranjales y terminaron por ser limoneros? ¿Has intentado cultivar árboles de naranjas, una y otra vez, (porque te encanta el jugo de naranja) y te has negado a permitir que algo diferente surja?

Aléjate de ti mismo

Aléjate de la forma en la que has decidido que tu negocio, tu compañía o tu proyecto deberían ser, y haz más preguntas. Tienes que estar dispuesto, por tu negocio, a alejarte de ti mismo. Tienes que estar dispuesto por todos y cada uno de los proyectos en los que estás trabajando a llegar a un final. Sin embargo, no tienes que destruir un negocio que necesita algo diferente de ti. Esa no es la única opción. En vez de decidir que tu compañía o tu proyecto están muertos, o que no deseas hacerlos más, pregunta:

+ ¿Quién o qué, podría contribuir a esto?
+ ¿Qué más puedo agregar a mi negocio?
+ ¿Qué más puedo agregar a mi vida?

Planes y presupuestos de negocios

Cuando hablo de estar abierto al cambio, no estoy sugiriendo que no debes hacer planes para tu negocio. Está bien planear. También tienes que recordar que las cosas nunca resultan de la manera que pensaste que serian. Mantén esto presente cuando haces planes de inversiones y cuando trazas tus presupuestos.

Si estás creando un presupuesto para presentárselo a inversionistas, hazlo desde "punto de vista interesante". ¿Tienes que mantenerte en ese presupuesto? No. Permite que el presupuesto cambie. Te dará un mayor conocimiento. También te permitirá mostrarle a los inversionistas algo que deseas atraer. Les puedes presentar los distintos ángulos que estás tomando, en donde te gustaría gastar el dinero y como te gustaría que eso se hiciera.

Cuando tienes un plan de negocio, existe la tentación de creer que todo lo que va a pasar tiene que encajar dentro del plan. Si los limoneros no están en tu plan de negocios, ya habrás cortado los árboles, antes de haber considerado las posibilidades. No estoy en contra de escribir un plan de negocios; sólo sé que no están escritos sobre piedra. ¿Puede el plan cambiar? Absolutamente. Puede cambiar en un segundo, y debes estar dispuesto a que eso ocurra. Crea un plan de negocios, para conocer, no para concluir.

No puedes sujetar tu negocio en un solo lugar. Tienes que permitirle que se genere a sí mismo. Es como sembrar un jardín. Cuando cultivas un jardín, eliges algo. Siembras algo y si eso no funciona, siembras algo más. Nunca puedes decir, "Esto va a ser perfecto", porque un jardín nunca lo es. Siempre está creciendo y cambiando. Le permites cambiar y le facilitas el cambio. Tú no controlas un jardín.

Es acerca de la mayor consciencia que puedes tener y a las posibilidades de cambiar algo instantáneamente. Si te mantienes en el "interesante punto de vista" en relación a las finanzas, los planes y las proyecciones, le permites a lo mágico, surgir.

¿Qué tal si lo mágico está más allá de lo que nunca imaginaste que fuera posible?

Capítulo 11

Muéstrame el dinero

¿Sabías que hay múltiples portales a través de los cuales el dinero puede venir a ti? Los negocios son solamente uno de esos portales a través de los cuales el dinero se presenta. Si no tienes un punto de vista acerca de cómo el dinero puede llegar, le permites llegar a ti, desde tu negocio y desde otras direcciones, también.

Si para ti recibir dinero es una proposición lineal y crees que los negocios son un portal hacia el dinero, entonces, sí, los negocios son un portal para el dinero. Hay otros portales para el dinero, también. Y los negocios son un portal para otras cosas, además del dinero. Por ejemplo, son un portal para el cambio. Apenas llegas a una conclusión acerca de donde provendrá el dinero, cortas la posibilidad de recibir desde todos los demás portales. Cada vez que estás dispuesto a contribuir y a recibir contribuciones en todo, en las relaciones, en el sexo, en los negocios, en el dinero, en cualquier área de tu vida, tu disponibilidad para recibir abre lo que es posible.

Un amigo mío, me dijo recientemente que su hijo le dijo, "Papi, quiero viajar alrededor de Australia contigo".

El papá le replicó, "Bueno, ¿qué tal si viajamos alrededor del mundo?

El hijo le dijo, "Si, eso suena espectacular".

Entonces el papá le dijo, "Sólo necesito hacer un poco más de dinero, así podemos hacer eso".

El hijo le replicó, "No te preocupes por el dinero, papi. Las personas lo tiran todo el tiempo. Yo lo recojo y te lo doy".

¿Qué tal si tu asumes el punto de vista del niño? El dinero está en todas partes. La gente lo tira todo el tiempo. ¿Qué tal si el dinero es como el oxígeno? Tú respiras todos los días. ¿Qué tal si puedes recibir dinero así de simple, y no caes en el punto de vista lineal de cómo tiene que llegar a tu vida?

Cuando conocí a Gary Douglas, yo tenía una deuda de $187,000.00 dólares australianos. Tenía un negocio con muchas acciones pero no tenía nada que demostrar, excepto que me estaba divirtiendo muchísimo. Asistí a una clase de negocios que Gary dió en San Francisco, en la que el nos dio algunas herramientas simples acerca del dinero. Yo estaba inspirada y pregunté, "¿Qué puede pasar si pongo estas herramientas en práctica? Empecé a usar algunas de las herramientas que él nos enseñó, y en unas tres semanas y media, casi la mitad de mis deudas habían desaparecido. Yo tenía algunos puntos de vista locos acerca del dinero y cuando usé las herramientas de Access Consciousness para cambiar esos puntos de vista, el dinero empezó a surgir de muchos lugares diferentes. Algún dinero surgió del negocio, otro dinero llegó como regalo, y otros dineros, llegaron a mí de manera casual, desde sitios inesperados. El punto es que el dinero empezó a surgir de repente en mi vida.

Uno de esos puntos de vista descabellados que cambié a través del uso de las herramientas de Access tuvo que ver con mi padre, a quien yo absolutamente adoraba. Una vez me dijo, "No voy a dejar este planeta hasta que yo sepa que todos mis hijos están estables financieramente". A mi hermano y a mi hermana les estaba yendo bien, pero como he dicho, yo tenía un montón de deudas. Un día, usando una de las herramientas de Access, de repente me di cuenta, "¡Ah, que locura!, estoy creándome a mí misma como un desastre financiero para que mi padre pueda seguir vivo". Hablé con él acerca de esto y después de ello, todo en mi mundo financiero empezó a cambiar. Cambié mi punto de vista loco y las posibilidades infinitas empezaron a aparecer.

Generar dinero: gozo, gozo, gozo

No todo el mundo considera que generar dinero sea divertido. Algunas personas sienten que no pueden generar dinero. Se preocupan acerca de donde vendrá el dinero que necesitan, o se aferran a lo que tienen. Para ellos perder dinero significa que han fracasado. Su actitud es "no puedo perder esto porque me va a tomar una eternidad volver a generarlo, -así que no puedo, no debo fracasar". Están tan ocupados en retener lo que ya tienen, que no pueden recibir más.

Entonces están los otros, los que se la pasan tratando de calcular como conseguir dinero. Ellos dicen, "Voy a hacer esto, esto y esto. ¿Cuánto me vas a pagar? Las personas que están calculando cómo hacer dinero, son las que nunca logran hacerlo, y aquellos que generan por el gozo de hacerlo son aquellos a los que el dinero se les presenta.

En todos los lugares que hayas estado buscando dinero para crear gozo, en vez de crear gozo y dejar que el dinero surja ¿lo destruyes y lo descreas por un dioszillón? Acertado y equivocado, bueno y malo, POD y POC, todos los nueves, cortos, chicos y más allá.

El dinero sigue al gozo.
El gozo no sigue al dinero.

¿Estás dispuesto a que te vean como una persona rica y exitosa?

Recientemente experimenté lo que es ser visto como una persona rica a través de los ojos de mi sobrina de seis años. Ella quería muchísimo tener un iPod, así que le compré uno. Ella estaba sentada en el piso jugando con él, cuando de repente me dijo con un suspiro, "Tía Simone, me alegra que seas rica". Y ella enumeró todas las cosas que yo le había comprado. Me alegró que ella lo valorara tanto. Para ella ser rica es una cosa muy buena. ¿Lo es para ti? ¿Cómo reaccionas cuando alguien piensa que tienes mucho dinero? Mi actitud es, "Excelente, recibiré el juicio de que tengo mucho dinero". Entre más las personas juzguen que tienes dinero, más dinero viene a tu vida.

¿Has notado como las personas juzgan o proyectan cosas basadas en el auto que manejas, la ropa que usas, y las joyas que usas o no usas? Al principio de Good Vibes for You, manejaba Toyota van vieja. Yo me percataba de que las personas juzgaban que a mí me estaba yendo más o menos bien en el negocio, y que yo no era particularmente exitosa. Ellos pensaban que sólo iba sin rumbo por la vida y que no tenía el impulso de crear más éxito, y había algo de verdad en eso. Después conseguimos una van más moderna, decorada con un arte gráfico bellamente diseñado que incluía nuestro logo y las frases de motivación. Era interesante ver como se me juzgaba de manera diferente. Los niños me saludaban con las manos cuando pasaba, y cuando el tráfico estaba complicado, las personas me dejaban pasar en frente de ellos. Después de todo, era la van de Good Vibes for You.

Un día, después de estar haciendo Access ya por un tiempo, me compré un convertible BMW. Mi familia no se había preocupado mucho por saber de que se trataba Access Consciousness y nunca me habían hecho preguntas acerca de Access, hasta el día en el que llegué a un evento del día de Navidad en mi auto nuevo. Ese día, casi todos en mi familia, me preguntaron, "Entonces, ¿qué es Access Consciousness exactamente?" ¿Qué estás haciendo? Con mi convertible BMW, yo había creado el juicio del "éxito" y las personas querían saber que era lo que yo estaba haciendo.

"¡Oh, usted debe ser rica!"

Una mujer de negocios coreana que vive en Seúl me dijo que ella y su esposo viven en un área muy lujosa de la ciudad, y que cuando los coreanos le preguntan en donde vive, ella no quiere decirlo. Ella no quiere escuchar que ellos le digan, "¡Oh, usted debe ser rica!", así que ella les dice que vive en otra parte de la ciudad. Yo le sugerí que jugara con ello. Le dije, "Adelante, dile a las personas en donde vives", y cuando las personas dicen, "¡Oh, usted debe ser rica!", sonríe y responde, "Si, amo vivir allí, tenemos muchísimo espacio". Después, observa que ocurre.

Una amiga de Eumundi, un pequeño pueblo en Queensland, Australia, realiza un excelente trabajo, jugando con las opiniones de que es rica y de que gana muchísimo dinero. Ella me dijo que cada dos o tres días lleva el efectivo de su negocio al banco. La mujer que trabaja en el banco, asume que ella esta depositando el efectivo correspondiente a un solo día de ganancias, y le dice cosas como, "Vaya, usted tuvo un día excelente hoy, ¿cierto?" Mi amiga siempre sonríe y dice, "Sí, lo tuve", y ella recibe el juicio de que ella está haciendo muchísimo dinero.

Compara este punto de vista con la idea de que tienes que tener tan poco dinero como el resto de los demás. ¿Has alguna vez escuchado personas que hablan así: Una persona dice, "Uy, tu oficina es tan grande y tan bonita", y la segunda persona le responde, "Tienes que ver lo costosa que es la renta por este lugar. Y el seguro está por los cielos. Pero necesito tener un lugar elegante para reunirme con los clientes". Qué tal si la persona respondiera, "Si, me encanta trabajar aquí. Es fabuloso, ¿cierto? ¿Qué más es posible?"

¿Conoces personas a quienes les encanta gritar que son pobres? Estoy escuchando personas que hablan acerca de lo pobres que son, todo el tiempo, y la otra persona trata de superar lo que la otra dijo y relata que se encuentra en una situación todavía peor. Nunca escuchas que nadie diga, "He recibido una gran cantidad de dinero. Estoy bien, estoy como un caramelo. Acabo de tomar unas vacaciones fantásticas". Nadie habla de este modo. En vez de ello, las personas se acoplan de acuerdo con lo que los demás son y hacen. ¿Es tiempo de cambiar esto? ¿Estás dispuesto a ser diferente? ¿Estás dispuesto a tener montones de dinero?

¿Estás dispuesto a recibir el juicio de que tienes muchísimo dinero? Dondequiera que no hayas estado dispuesto a recibir juicios acerca de cuán rico eres o cuánto dinero tienes, en verdad, ¿lo destruyes y lo descreas por un dioszillón? Acertado y equivocado, bueno y malo, POD y POC, todos los nueves, cortos, chicos y más allás.

Las personas van a juzgarte de todas maneras, entonces
¿por qué no crear el juicio de que eres rico y exitoso?

No es por el dinero

Cuando empecé *Good Vibes for You* yo solía decir, "No hago negocios por hacer dinero. Los hago por el gozo de los negocios". Eso era verdad hasta cierto punto, y entonces un día examiné esto más profundamente y observé la energía que yo creaba cuando decía, "No es por el dinero". Me di cuenta que estaba atrapada en una decisión relacionada con hacer dinero, y vi que si continuaba con esa enfoque, no iba a recibir mucho dinero.

Yo estaba consciente de que me había estado escondiendo con declaraciones como esa de "No es por el dinero". Era una forma de mantenerme "segura". No quería ser la amapola más alta. Cuando comprendí esto pregunté, "¿Qué tal si hacer negocios estuviera relacionado también con hacer dinero? Empecé a preguntarme "¿Qué se necesita para hacer montones de dinero y disfrutar el gozo de los negocios?

En esos primeros tiempos de Good Vibes for You, mi incapacidad para recibir surgía cuando estaba vendiendo las camisetas. Apenas alguien me decía, "Me encantan tus camisetas", yo estaba satisfecha. Ese era mi objetivo. La persona me preguntaba si podía comprar una de las camisetas y yo respondía "Seguro, ¿quiere un descuento? Le doy dos por el precio de una". Yo quería darle las camisetas a la gente porque "no hacía negocios por dinero. Los hacía por el aspecto creativo de los negocios." Después de trabajar en mi capacidad para recibir e incrementar mi consciencia llegué al punto de poder decir,

"¡Oh puedo recibir el dinero ahora! ¿Quiere una camiseta? Serían $35.00 dólares.

Observa el objetivo de tu negocio o proyecto no importa cuál sea y entonces pregunta:

+ *¿Qué tal si estuviera dispuesto a recibir dinero también?*
+ *¿Qué tal si pidiera que viniera el dinero y aún mantuviera mi objetivo en su lugar?*

Puedes también incrementar tu habilidad para recibir más dinero haciendo preguntas como:

+ ¿Qué tomaría para que el dinero viniera?

En todos los lugares en donde haya desinvitado al dinero el día de hoy, lo destruyo y lo descreo por un dioszillón. Acertado y equivocado, bueno y malo, POD y POC, todos los nueves, cortos, chicos y más allás.

¿Qué demanda deseas hacer?

En Australia tengo una contadora maravillosa. Un día ella me preguntó que demanda deseaba hacer por la cantidad de dinero que personalmente recibía de *Good Vibes for You*. La miré y le dije, "No puedo hacer tal demanda porque tenemos todas estas facturas".

Ella dijo, "Good Vibes for You es fabulosa recibiendo facturas y estoy dispuesta a que me demuestre que estoy equivocada". Entonces, preguntó de nuevo, "¿Qué cantidad te gustaría demandar personalmente de Good Vibes for You?

Empecé a irritarme y traté de explicarle, "Tenemos facturas. Tenemos deudas. Tenemos inversionistas. Tenemos personas a quienes necesitamos pagarles primero".

Ella me miró y una vez más preguntó, "¿Qué demanda estás dispuesta a hacer de tu negocio?

De repente comprendí. Dije, "¡Maldita sea! Tienes razón", y le dije la cantidad que me gustaría recibir de la compañía cada mes. Si no estás dispuesto a hacerle una petición a tu negocio de lo que te gustaría, te darás cuenta que tu negocio te estará siempre trayendo facturas.

Este es un ejercicio que puedes hacer. Practica hacer esta pregunta:

* *¿Puedo tener el dinero ahora, por favor?*

Repítela diez veces, ¡más y más y más!
* *¿Puedo tener el dinero ahora, por favor?*
* *¿Puedo tener el dinero ahora, por favor?*
* *¿Puedo tener el dinero ahora, por favor?*
* *¿Puedo tener el dinero ahora, por favor?*
* *¿Puedo tener el dinero ahora, por favor?*
* *¿Puedo tener el dinero ahora, por favor?*
* *¿Puedo tener el dinero ahora, por favor?*
* *¿Puedo tener el dinero ahora, por favor?*
* *¿Puedo tener el dinero ahora, por favor?*
* *¿Puedo tener el dinero ahora, por favor?*

A medida que continúes haciendo esta petición, notarás que las cosas se empiezarán a iluminar para ti y que realmente empiezas a recibir más dinero, más negocios y más gozo.

¿Cuánto cobras por tus productos y servicios?

En aquellos días en los que yo estaba importando piedras semi-preciosas de la India, yo vendía cuarzo rosa, que es considerada la piedra del amor y que era muy popular. Yo iba directamente al lugar en donde se conseguía y eliminaba el intermediario y el margen de ganancia por las piedras era increíble. Las compraba cada una en $15 dólares y las vendía en $130 dólares cada una. Algunas veces hacía montar las piedras en plata en Rajasthan, donde hacían un trabajo manual bellísimo y esto me permitía incrementar el precio aún más.

En cierto momento, hice un descubrimiento muy interesante. Decidí deshacerme de mi inventario en joyas y reduje los precios drásticamente. Como había pagado tan poco por las joyas me podía dar el lujo de hacer eso. Si había comprado un anillo en $15 dólares, le ponía un precio de $25 dólares. Pensé que así vendería todo más rápido, pero descubrí algo que no esperaba. Las personas suponían, "Oh, eso es solamente una baratija". Sin embargo, si le ponía una etiqueta diciendo "precio original: $130.00, precio con descuento: $80.00" –entonces las personas compraban las joyas. Pensaban, "¡Guau! Este es un precio buenísimo, por un anillo muy lindo". Aprendí que yo influía en la forma en que las personas pensaban acerca de mis productos, por los precios que yo les ponía.

La cantidad de dinero que cobras, influye en la forma en la que los clientes perciben tus productos o servicios. ¿Qué significa esto para ti? Significa que debes establecer la suma de dinero con la que tú te sientes a gusto cobrando por tus productos y servicios –y entonces ¡cobra más! Tus clientes estarán más agradecidos contigo y con tus productos.

¿Cuánto dinero estás dispuesto a recibir?

Recientemente una amiga esteticista me hizo un facial. Cuando terminó, le pregunté cuanto le debía. Ella bajó la cabeza reorganizó unos papeles, y luego balbuceó, "$95".

Le pregunté, "¿Qué fue eso?

Ella dijo, "¿Qué?

Le pregunté, "¿Qué energía es la de los $95?

"Oh" ella dijo, "odio pedirle dinero a mis amigos".

Le pregunté de nuevo, "¿Cuánto te debo?

Bajó la cabeza de nuevo y dijo, "$95".

Le pregunte, "¿Cuánto es?

Finalmente me miró a los ojos y dijo claramente, "$95.00".

Le di "$120.00.

Tienes que estar dispuesto a pedirles dinero a las personas. ¿Cuánto estas dispuesto a recibir por hora por tus servicios? ¿$50, $100, $1,000, $10,000, $20,000? Si trabajas por hora, y cobras por la hora, pregunta:

• *¿Con que suma me siento cómoda?*

Si te sientes a cómodo cobrando $80 dólares por hora, entonces cobra $100.00 dólares. Toma la cantidad con la que te sientes a gusto y auméntala. Piensa que es una gratificación por quien eres y por lo que eres. No se refiere a lo que vales –tu eres mucho más valioso que cualquier suma de dinero que estés cobrando. Es solo dinero. Diviértete con él.

Supongo que la idea de hacer esto, te hace sentir incómodo, así que voy a decirlo de nuevo. Cuando estableces el precio de algo, debes estar consciente de si estás en tu zona de confort. ¿La cantidad que estás cobrando te hace sentir incómodo? ¿Concuerda con la energía desde donde estás funcionando? ¿Cuánto dinero debes cobrar por hora para que eso sea divertido? ¿Qué será el gozo de los negocios?

¿Muy poco dinero? ¿Mucho dinero?

Hace algún tiempo una mujer que conozco me dijo que ella no se reunía más con determinadas personas porque ellos ahora hacían mucho dinero.

Me quedé estupefacta. Yo pregunté, ¿Por qué razón no tratarías a alguien porque esa persona está haciendo mucho dinero? ¿Hacerlo limita la cantidad de dinero que estás dispuesto a recibir en tu negocio y en tu vida? ¡Sí!

¿Has decidido que no puedes tener en tu realidad o en tu universo a personas que hacen muy poco dinero, o mucho dinero? ¿Qué te hace sentir más incómodo, los que hacen muy poco, o los que hacen mucho? Todo es un juicio. Permitirte a ti mismo, estar sincronizado en esta forma no está permitiéndole a tu universo, expandirse o recibir contribución.

¿Te detienes a ti mismo?

A veces las personas me cuentan que tienen ideas maravillosas para hacer un negocio, pero que no pueden empezarlo porque no tienen dinero. O eligen no hacer un negocio que requiere capital porque creen que deben tener todo el dinero antes de iniciar el negocio. Ellos dejan que la idea del "no dinero" los detenga. ¿Tú haces eso? ¿Qué tal si estuvieras dispuesto a funcionar desde la idea de que el dinero surgirá cuando lo necesites? ¿Qué tal si no permites que la idea del "no dinero" te detenga?

¿Realmente quieres la langosta?

Si hay algo que realmente deseas en la vida, entonces consiéntete y date ese placer. Si piensas que quieres estar en una relación con alguien, entonces ten la relación con el o con ella. Si quieres comer langosta, entonces come langosta. Date cuenta que en el momento en el que miras el menú en un restaurante lujoso y piensas, "Me gustaría la langosta, pero no puedo pagarla, así que sólo tendré la ensalada de pollo" le has dicho no al recibir. Acabas de "rechazar" el dinero en tu vida. ¿Tú rechazas el dinero en tu vida? Si es así, este es un proceso que puedes realizar al final de cada día:

+ *Destruyo y descreo dondequiera que haya desinvitado el dinero a mi vida hoy. Acertado y equivocada, bueno y malo, POD y POC, todos los nueve, cortos, chicos y más allás.*

Tú, como ser infinito, ¿necesitas dinero?

Algunas veces las personas dicen cosas así, "Hacer dinero no es tan importante para mí". Yo les respondo, "Eso es cierto. En verdad, si el dinero fuera importante para ti, tendrías toneladas de dinero". Entonces pregunto, "¿Tú necesitas dinero para ti o necesitas dinero para tu cuerpo?" Como ser, no necesitas dinero. Sin embargo, necesitas dinero para tu cuerpo –para la ropa que te pones, la cama en la que duermes y el boleto en asinto de primera clase cuando viajas. ¿Has estado ignorando lo que a tu cuerpo le gusta? ¿Qué tal si fuera el momento de ser generoso con tu cuerpo? ¿Qué tal si incluyes tu cuerpo en las computaciones de tu negocio?

¿Cuánto dinero le gustaría a tu cuerpo crear y generar?

¿Notaste una emoción en tu cuerpo al leer las últimas dos preguntas? Podría ser que desees intentar este proceso:

+ *¿Qué energía, espacio y consciencia podemos mi cuerpo y yo ser que nos permitiría tener nuestro propio dinero? Todo lo que no permita que eso suceda, lo destruyo y descreo por un dioszillón*

Acertado y equivocada, bueno y malo, POD y POC, todos los nueve, cortos, chicos y más allá.

Yo noté el cambio más interesante la primera vez que realicé este proceso. No soy la persona más organizada en este mundo. Cuando viajo, al llegar al cuarto del hotel, mi maletín explota y todas las cosas quedan desparramadas por todas partes. Estábamos realizando una clase de Access Consciousness en Italia después de haber corrido este proceso, y todo eso cambió. En vez de esparcir todas las cosas en el cuarto, puse cada cosa en su lugar. Todo estaba organizado. El baño estaba impecable. Mi ropa estaba en el closet. Mis papeles estaban en el escritorio. Hice que lo que me rodeara fuera estéticamente placentero. No había estado dispuesta a hacer eso antes. Esto sucedió al pedir para mi cuerpo y para mí, tener nuestro propio dinero. Anteriormente, mi cuerpo no era parte de la computación. Ahora, lo es.

* *Extiéndete sobre todo el universo. Expándete hacia lugares en los que no has estado dispuesto a ir para tener acceso a todo el dinero y a todas las posibilidades de negocio que están disponibles. Sigue expandiéndote, más allá del tiempo, dimensiones, realidad y materia. Expándete más allá de tu imaginación, porque tu imaginación es limitada. Solamente conoce lo que ya se ha hecho. Expándete más allá de tu mente lógica, entra a todo eso, todos los lugares a los que no has estado dispuesto a ir para tener acceso a todo el dinero que está disponible. Todo lo que no te permita tener acceso a eso, ¿lo destruyes y descreas por un dioszillión? Acertado y equivocada, bueno y malo, POD y POC, todos los nueve, cortos, chicos y más allá.*

Capítulo 12

Detalles prácticos.
Invitar el dinero a tu vida

¿Te gustaría tener más dinero en tu vida? Estas son algunas herramientas que puedes usar para invitar más dinero a tu negocio y a tu vida.

¿Qué más es posible? ¿Cómo puede mejorar esto?
Ya he hablado acerca del uso de estas preguntas; sin embargo, son tan importantes y tan prácticas para recibir y tener dinero que quiero incluirlas aquí, también.

Cada vez que recibas dinero pregunta:
+ ¿Qué más es posible?
+ ¿Cómo puede mejorar esto?

Cada vez que pagues una cuenta, pregunta:
+ ¿Qué más es posible?
+ ¿Cómo puede mejorar esto?

Cuando pagues tu cuenta de la electricidad, hazlo con gratitud. Tienes luz, puedes conectar tu computador y puedes contestar tu teléfono. Agradece por lo que tienes, porque si no estás agradecido por lo que tienes, no tendrás capacidad para recibir más. Por ejemplo, tu acabas de ganar $20 dólares. Puedes decir, "Eso no es nada. Yo debería haber ganado $120 dólares". No prestes atención a lo que no has ganado. Presta atención a lo que has ganado. Agradece por ello, y entonces haz preguntas. No digas, "Oh, esto no es suficiente". Pregunta "Guau, ¿Cómo es que soy tan afortunado para ganarme estos $20? ¿Qué más es posible?

¿Qué se necesita para que esta cantidad de dinero regrese a mí, diez veces?

Cuando pagas una cuenta, pregunta:

+ ¿Qué se necesita para que esta cantidad de dinero regrese a mí, diez veces?

¿Qué es lo que amo acerca de no tener dinero?

A veces me encuentro con personas que se quejan porque no tienen dinero. Por mucho que tratan nunca tienen suficiente. En efecto, ellos crean su vida basados en el "no hay dinero" en vez de crearla basados en lo que les produce gozo o lo que concuerda con la energía de la vida que a ellos les gustaría tener. ¿Has hecho eso? ¿Has usado el "no hay dinero" para crear tu vida y la forma en la que tú vives? Si tu notas que "no hay dinero" es porque has decidido que hay algo más valioso relacionado con el no tener dinero, que con el tener dinero. ¿Te gustaría cambiar esto?

+ ¿Qué es lo que amo de no tener dinero?

Al principio puedes molestarte con la pregunta y dirás, "¿Cómo puede tener valor esta pregunta? O puedes desesperarte y decir "No tengo ni la menor idea". Sin embargo, si continúas creando algo que no te está funcionando, lo estás haciendo porque probablemente haya algo que ames de esa situación. Si estás dispuesto a recibir la consciencia del valor que tiene para ti, puedes cambiarlo todo. Puedes sorprenderte al descubrir que el no tener dinero está trabajando en una forma extraña y desagradable. Puedes obtener una perspectiva completamente diferente de tu situación financiera.

¿Qué es lo valioso de no triunfar en los negocios?

Como he mencionado con anterioridad, son esos puntos de vista locos los que te atrapan. Si tu negocio no está "teniendo éxito" puedes hacer una pregunta para cambiar la energía. Intenta hacer esta pregunta:

+ ¿Qué es lo valioso de no triunfar en los negocios?
+ Si estás dispuesto a recibir la consciencia de ello, puedes cambiarlo todo.

¿Si el dinero no fuera el problema, que elegirías?

No dejes que el tener dinero o el no tener dinero, controle tu vida. ¿Qué tal si creas tu realidad basado en lo que concuerda con la energía de lo que a ti te gustaría ser?

Cuando empecé las clases de Access Consciousness, escuché acerca de los eventos de siete días que estaban realizando en Costa Rica. Yo realmente quería participar en uno de esos eventos pero Costa Rica, desde Australia está prácticamente al otro lado del mundo,. Decidí que Costa Rica era un lugar exótico al que a nosotros los australianos no nos era fácil llegar. Me sentía sin esperanza de poder ir. Parecía que costaría demasiado dinero. Y era una elección muy diferente de hacer (¿Notas la gran cantidad de preguntas que estaba haciendo? ¡No!)

Un día estaba mirando las fotografías que un amigo mío había tomado en uno de los eventos más recientes de siete días en Costa Rica. Él se dio cuenta que yo estaba un poco triste.

Me preguntó, ¿Qué es esto?

Le dije, "Bien, cuando miro estas fotografías hay una en particular que me parece grandiosa y pienso que nunca podré llegar hasta allá. Pienso que nunca voy a poder pagar uno de esos viajes".

Mi amigo preguntó, "¿Qué fotografía te parece grandiosa?

Dije, "Esta".

Él se rio y me dijo que yo estaba mirando una fotografía que él había tomado en Darling Harbour, en Sydney, Australia. Se había mezclado con las fotografías de Costa Rica.

Dije, "¡Ah! De Brisbane a Sydney es muy fácil llegar. ¡Yo puedo ir allá!

Al decir esto, me di cuenta que había permitido que mis decisiones y consideraciones acerca de "no tener dinero" controlaran mi vida. Lo absurdo de tomar una decisión así se volvió obvia para mí. Pensé, "¿Qué tal si sólo hago una elección y una demanda y el dinero viniera? Esa es exactamente la forma en la que funciona. Si sigues la energía de lo que deseas crear y generar y estás dispuesto o dispuesta a recibirlo todo, el dinero vendrá. Pregunta:

+ Si el dinero no fuera el problema ¿que elegiría?

El diez por ciento es para TI

Una de las herramientas de dinero de Access Consciousness,

de la cual la mayoría de las personas se quejan, y la que ha cambiado tanto para mí, es la de separar el 10% de tus ingresos. Esto no significa ahorrar el 10% para los "días de vacas flacas", o para cuando tengas que pagar una cuenta grande, o cuando tengas una buena razón para gastarlo. Significa separar el 10% de tus ingresos y no gastarlo, como una forma de honrarte a ti mismo. Haces esto antes de pagar tus cuentas, hacer préstamos o salir de compras.

Cuando colocas ese dinero a un lado para ti le estás diciendo al universo que tú tienes un valor. El universo es un banquete. Desea darte sus regalos. Tú estás indicando que tienes dinero, que te gusta el dinero y que estás dispuesto a tener más. Cuando haces esto, el universo reconocerá lo que le pides. Te regalará más dinero. En cambio, si empiezas a gastar este dinero, le estás diciendo al universo que no tienes suficiente, así que estás recurriendo a los fondos que habías separado para honrarte a ti. Estás indicando que hay menos, y que no puedes hacer más. Y esto es lo que el universo te dará, menos.

Escuché a Gary y a Dain explicar esta herramienta, y solía pensar, "Si, si, si, esa cosa del 10% de nuevo. Bla, bla, bla. Poner ese dinero extra en tu billetera te hace sentir como una persona rica...si, bla, bla, bla". Así que yo no separé el 10% de lo que gané.

Y entonces un día me pregunté a mi misma, "¿Qué es lo peor que podría suceder si hago esto? Tal vez tenga que gastar el dinero que separé. Bien, debería darle una oportunidad a esto".

Así que traté y ahora amo hacerlo. Algunas personas guardan el 10% en efectivo. A mí me gusta tener el mío en una cuenta bancaria aparte. Me encanta transferir dinero a esa cuenta y ver cómo crece. También he comprado oro, plata y acciones para mí misma, sólo porque es divertido tenerlas.

Cuando tienes cierta cantidad de dinero en tu cuenta del 10%, notarás un cambio en la forma en la que te relacionas con el dinero y con tu nivel de preocupación por el dinero. La cantidad varía para cada individuo. Puede que suceda cuando tengas lo que necesitas para vivir tres meses. Digamos que son $4,000 dólares por mes. Una vez tengas $12,000 dólares en tu cuenta del 10%, empezarás a experimentar una sensación de bienestar en tu universo. En algún lugar sabes que todo estará bien. Tienes paz con el dinero. Eso es en parte para lo que la cuenta del 10% está diseñada. Te lleva a ese lugar donde sabes que tienes dinero. ¿Estás dispuesto a estar en paz con el dinero?

Separa el 10% de tus ingresos como una forma de honrarte a ti mismo y como una indicación para el universo de que tienes dinero, te gusta el dinero, y deseas tener más. No gastes ese 10%. En cambio, míralo crecer y disfruta cuánto dinero tienes.

Y 10 % para tu negocio

También debes apartar el 10% de lo que tu negocio produce. No es para ti, tampoco es para tu negocio. Ponemos aparte el 10% de cualquier cantidad de dinero que llega a Good Vibes for You. Es para Good Vibes. Haciendo esto, honramos el negocio.

Podrias encontrar un millón de excusas de porqué esto no funciona para ti. Estoy aquí para decirte que si funciona. Tu negocio tiene un trabajo que hacer. Honra tu negocio y muéstrale que tiene importancia separando ese 10% de cualquier cantidad que entre. Haz esto antes de pagar cualquier cuenta. Cuando haces esto, ambos, tú y tu negocio empiezan a hacer elecciones que están basadas en lo que va a ser expansivo, en vez de "¿Cómo vamos a hacer para pagar esta cuenta?" Esto cambia las dinámicas de tu negocio y tu dinero fluye. Inténtalo y observa lo que te pasa a ti.

Capítulo 13

Lidiar con las finanzas

Tuercas y tornillos: algunos conceptos básicos.

Años atrás mi papá, que era contador, estaba hablándome acerca de la contabilidad y de cómo mantener los libros de contabilidad en mis negocios. Yo estaba zapateando y diciendo, "No quiero saber acerca de esto. Es aburrido. Tengo otras cosas que hacer".

El dibujó un gráfico circular grande que contenía los elementos de lo que se necesita para manejar un negocio exitoso. La sección de contabilidad era bastante grande. Yo le dije, "No quiero hacer todas esas cosas de contabilidad. Así es como yo dibujaría el gráfico". Hice un gráfico circular que contenía el lado generador, creativo del negocio, con sólo una pizca de contabilidad.

El miró mi gráfico y dijo, "Si, pero si no sabes de contabilidad, tu negocio no existirá".

Me di cuenta que él tenía razón. No puedes funcionar con consciencia dentro de tu negocio si no entiendes los conceptos de ganancias y pérdidas, o si no sabes cuánto dinero tienes en tu cuenta bancaria. Tienes que tener información básica, práctica, acerca de cómo las cosas funcionan financieramente. ¿Eres

una de esas personas (como lo fui yo) a quien no le gusta lidiar con las "tuercas y tornillos" de las finanzas? ¿Piensas que es
aburrido? ¿Has asumido que es demasiado difícil para aprender? ¿Sientes que no te tiene ni que importar esto?

¿Estás dispuesto a considerar otro punto de vista? Las
"tuercas y tornillos" es decir los aspectos básicos de un negocio,
pueden ser divertidos y creativos, especialmente si usas preguntas y si obtienes la información que necesitas. Estas son algunas preguntas tipo "tuercas y tornillos" y otras herramientas
que puedes poner a trabajar cuando estás lidiando con asuntos
financieros, considerando expandir tu negocio, haciendo inversiones o implementando nuevas ideas.

Funcionar con consciencia de las finanzas

No tienes que saberlo todo en tu negocio. Tampoco tienes que
hacerlo todo tu mismo; sin embargo, tienes que saber qué ventas están entrando y que gastos están saliendo. Tienes que saber cuál es la ganancia por cada uno de tus productos, y cuan-
tos productos necesitas vender cada día, cada semana y cada
mes, así puedes cubrir todos tus gastos. Esto es lo que se llama
"break even" (salir sin ganar ni perder). Tú mismo, no tienes
necesariamente que hacer estos cálculos, sólo necesitas estar
consciente de ellos. Si tú no sabes estas cosas, terminarás destruyendo tu negocio.

¿Cuáles son los gastos mensuales de tu negocio?

Este es un ejercicio simple que puedes hacer para adquirir consciencia de lo que necesitas cada mes para operar tu negocio:

1. Siéntate y escribe todos gastos en los que has incurrido en
   tu negocio durante los últimos seis meses (o en el último

año). Esto incluye la renta, papelería, gastos de internet, teléfono, electricidad, automóvil – es decir todo el dinero que has pagado por tu negocio. O pregúntale a tu contador el estado de ganancias y pérdidas.

2. Divide ese número por seis (o por doce). Esto te dará una idea de lo que son los gastos mensuales de tu negocio.

3. Después de haber calculado tus gastos, agrega el 10% de esa cantidad para tu negocio.

4. Agrega el 10% sólo para ti.

5. Agrega otro 20% para asuntos varios (misceláneos).

6. Esto te dirá cuánto dinero debes hacer cada mes.

7. Entonces, haz una demanda por la cantidad que sea. Si no estás consciente de lo que cuesta manejar tu negocio, empezarás a matar tu negocio.

En un principio puedes decir, "Estos asuntos financieros son muy complicados". Se trata sólo de un lenguaje diferente que puedes aprender. ¿Qué tal si estás dispuesto a aprender el lenguaje del dinero?

¿Te han aconsejado reducir tus gastos?

Una de las primeras cosas que un contador que funciona desde la realidad contextual puede aconsejarte es que disminuyas tus gastos. Estoy de acuerdo en que examinar tus gastos puede ser una forma excelente de incrementar tu consciencia de las finanzas de tu negocio. Podría ser un buen comienzo, preguntar si siempre será necesario asistir a la exposición que estabas considerando. Sin embargo, hacer el intento de reducir los gastos, ha sido siempre pesado para mí. No es expansivo, ni generador. ¿Cómo reducimos los gastos de nuestro negocio? es una pre-

gunta limitada basada en la decisión de que necesitas reducir
tus gastos. Probablemente te ayudará más hacer una pregunta
más infinita y más abierta. Examina que puedes agregar, que
puedes acrecentar, y que puedes expandir con preguntas como
estas:

+ *¿Cómo puedo incrementar el flujo de dinero hacia el negocio?*
  (¿Ves que diferente es esto a concentrarte en eliminar cosas de
  tu negocio?)
+ *¿Hay algo que pueda cambiar aquí?*
+ *¿Qué necesito para incrementar mis ingresos?*
+ *¿Qué más puedo agregar a mi negocio?*
+ *¿Cuántas flujos de ingreso puedo crear con mi negocio?*
+ *¿Qué magia puedo invitar a mi negocio el día de hoy?*

Pídele ayuda al universo

También te recomiendo pedirle ayuda al universo. Usa el proceso de energía, espacio y consciencia, que he recomendado
antes:

+ *¿Qué energía, espacio, consciencia podemos ser mi negocio y*
  yo, que nos permita emplear el universo por toda la eternidad?
  Todo lo que no permita eso surja ¿ lo destruimos y descreamos
  por un dioszillón? Acertado y equivocado, bueno y malo, POD
  y POC, todos los nueves, cortos, chicos y más allás.

¿Realmente gastaste mucho dinero en publicidad?

Si tú contador te ha aconsejado reducir tus gastos, es probable
que te esté diciendo algo como esto "Has gastado mucho dinero en mercadotecnia y publicidad. Estas sumas no coinciden
con las ventas que han entrado." Antes de alinearte y estar de
acuerdo con esta posición, dale una mirada.

Digamos que gastaste $15,000 en marketing este mes. ¿Para que fue eso? ¿Fue para algo que generará nuevas posibilidades en seis o doce meses? ¿O sólo para generar algo ahora? Digamos que participaste en una exposición y que costó $6,000 asistir. Tus ventas inmediatas fueron de $4,500 dólares. Puedes examinar esto y decir, "Perdí $1,500 dólares". ¿Pero fue realmente una pérdida? No vayas a lo incorrecto de esto. El universo te está abriendo puertas. Apenas te colocas en la posición de "estoy equivocado" o "acabo de perder dinero", cierras las puertas a las posibilidades y contribuciones futuras.

Para mí, no se trata de calibrar nuestro éxito basado en esta o en esa columna de una hoja de cálculo. Alguien en le exposición pudo haber tomado uno de tus volantes, y dijo, "Oh, voy a llamarlos" y quizá no te llame sino en seis meses. O de pronto te llama en un año. ¡Nunca sabes lo que va a pasar!. Pregunta:

+ *¿Ese gasto fue para algo inmediato, o para el futuro, o para ambos?*
+ *¿Estar en la exposición generará futuras posibilidades?*
+ *¿Creará este gasto dinero para el negocio?*
+ *¿Esto te hace sentir ligero o pesado? (Recuerda, la verdad siempre se sentirá ligera y la mentira siempre se sentirá pesada).*

La clave es respecto a la pregunta y la consciencia de lo que estás creando y generando.

Entonces, ¿qué preguntas podrías tu hacer hoy para incrementar las posibilidades para tu vida, trabajo, realidad y negocios?

+ *¿Estarías dispuesto a destruir y a descrear todos los lugares en el que hayas cerrado las puertas y asesinado tus posibilidades futuras? Todo lo que esto sea, ¿lo destruirás y lo descrearás por un dioszillón? Acertado y equivocado, bueno y malo, POD y*

POC, todos los nueves, cortos, chicos y más allás.

¿Estás considerando hacer una inversión?

¿Tienes dudas acerca de cómo manejar las inversiones en tu negocio? La pregunta clave, cuando quiera que estés considerando hacer una compra o determinando expandir tu negocio, es:

* ¿Si compramos esto nos producirá dinero ahora y en el futuro?

Cuando haces esta pregunta, puedes solamente recibir un "ahora" o puedes recibir "el futuro" o tal vez tu recibas un "Sí, esto te producirá dinero ahora y en el futuro". Lo que sea que sea, tendrás una mayor consciencia de lo que tu negocio necesita. Si estás estableciendo sistemas o procedimientos, o lo que sea, para ahora y el futuro, el futuro terminará siendo mucho más fácil porque expandes tu negocio y los flujos de dinero que pueden venir.

El libro de las posibilidades

Si eres como yo, siempre se te están ocurriendo nuevas ideas de negocio y algunas veces no sabes cuáles ideas llevar a cabo, o cuándo. ¿Debes realizarlas ahora o es mejor esperar? Gary Douglas ha sugerido siempre que consigas un pequeño libro de notas para escribir allí todas tus ideas de negocio. Él lo llama El libro de las posibilidades. Entonces, con cada idea, pregunta:

* *Verdad, ¿es esto para ahora o para el futuro?*

Cuando sigues la energía de la consciencia, sabrás si es el momento correcto de darle seguimiento a esa idea, o si tendrías que esperar a otro momento en el futuro.

Quizá es una buena idea, pero ahora no es el momento para implementarla. Cuando tengas claridad acerca de esto, puedes seguir haciendo preguntas y esperar hasta que sea el momento correcto. Esta también es una gran pregunta para usarla cuando alguien te presenta una idea de cómo expandir tu negocio o cuando tus estás considerando agregar un nuevo producto o servicio. "¿Ahora o en el futuro?" es una pregunta muy útil porque a veces las personas matan las ideas nuevas si no ven un uso inmediato para ellas. Prométeme que no matarás tus posibilidades futuras.

Estas son algunas otras preguntas que puedes hacer para determinar el momento correcto para establecer tus ideas:

- *Muéstrame cuando debo usarte.*
- *Muéstrame cuando debo venderte.*
- *Muéstrame cuando debo presentarte.*

Hace tres años me reuní con algunas personas en *Access Consciousness* para conversar acerca de la posibilidad de crear campamentos de Access para niños. Trabajamos con una persona muy talentosa que tenía experiencia creando campamentos para niños y exploramos el proyecto en profundidad. Aprendimos acerca de los aspectos legales del proyecto, teníamos una página web excelente, teníamos fabulosos panfletos y teníamos personas en lista de espera para ser los maestros en el campamento. Fue maravilloso, pero no teníamos ningún niño. El elemento que nos hacía falta eran los niños. Algunas personas entraron en la posición de "oh no, esto no ha funcionado". Ese no era el punto. La pregunta era, "¿cuándo es el tiempo propicio para los campamentos? Sólo ahora tres años más tarde, la posibilidad para este proyecto se está desarrollando.

Ahora podemos utilizar todo ese material maravilloso que habíamos reunido, porque ahora es el tiempo propicio. No mates un proyecto. Puede que simplemente no sea el tiempo propicio para darle vida. Usa las preguntas para descubrir cuándo perseguir tus ideas.

De lo que se trata es de no huir de las cosas.
Con la consciencia puedes cambiar cualquier cosa,
y todo.

Capítulo 14

Personas conectoras, movedoras, creadoras y fundacionales

Cuando estás eligiendo socios de negocios, contratistas, empleados y a otras personas para trabajar contigo en tu negocio, es útil entender que existen cuatro grandes tipos de personas: los que conectores, movedores, creadores y personas fundacionales. Cuando sabes qué tipo de persona eres, puedes con mayor facilidad decidir lo que harás en tu negocio y encontrar a las personas correctas que te ayudarán en otras áreas.

Los conectores son personas que aman hablar con todas las personas. Su especialidad es hacer conexiones. Su talento y habilidad es saber con quién hablar, cuando hablarles, y qué decir. Los conectores tienen cincuenta millones de números telefónicos en su libreta, y en cualquier momento que tu necesites algo ellos dicen, "yo sé a qué persona llamar". Puedo nombrar a cualquier persona, en cualquier industria, y el conector dirá, "si, lo conozco, somos colegas".

La cualidad más fuerte de un conector es hablar con la gente. Eso es lo que le pides a un conector que haga, conectar. Son grandes vendedores y son maravillosos en el teléfono. Los conectores hablan con quien sea acerca de lo que sea, y ellos son esenciales para el éxito de un negocio.

A veces los conectores vienen a ti, te pagan por un producto o servicio, y después le dicen a todo el mundo que ellos saben lo fabuloso que eres. Ni siquiera tienes que contratarlos. Ellos desean que todo el mundo sepa acerca de ti. Como resultado de ello, muchos conectores no hacen dinero con las conexiones que ellos hacen. Ellos solamente conectan a las personas porque eso es lo que ellos hacen. Digamos que tú eres peluquera y una de tus clientas siempre está alabándote a donde quiera que ella vaya, al supermercado, a una reunión familiar, o a una fiesta. Ella le dice a las personas, "Tienes que ir a esta peluquera. ¡Es fabulosa!". Ella es una conectora. Tu cliente está pagándote a ti para que le cortes el pelo, y ella está haciendo conexiones para ti. Los conectores hacen cosas así, simplemente porque conectar a las personas es un gozo para ellos.

Los movedores son personas que saben cómo manejar un negocio. Son energéticos y ambiciosos, y más que eso, son futuristas. Su especialidad es saber qué es lo que hay que establecer hoy para expandir el negocio mañana. Un movedor observa las posibilidades y pregunta, "¿Qué es lo siguiente que se requerirá? Si estás planeando una convención, una fiesta o una clase, un movedor es la persona que hará la reservación del lugar, imprimirá las invitaciones, y se asegurará que halla sillas suficientes para todo mundo. Su talento y habilidad es ver lo que se requiere y asegurarse de que eso esté ahí. Ellos están diez, veinte o cincuenta pasos más allá de lo que está pasando.

Los movedores crean una corriente y una sensación de bienestar para tu negocio y tus proyectos. Digamos que vas a organizar una exposición. Un movedor sabrá exactamente con anticipación lo que se requerirá para instalar y trabajar en la exposición. Esa es la clave. Ellos están preparados con muchísima antelación. Ellos no van a llegar a la exposición, y van a decir, "¡Oh, no!, se me olvidó traer los productos". Ellos sabrán exactamente qué se necesitara dos meses o un mes antes, y también una semana antes. Es como si ellos pudieran leer la mente. Los buenos movedores están siempre preguntando qué se requerirá para el futuro y entonces verifican y preguntan, "¿Cómo van las cosas hoy?

Los creadores están siempre buscando el que es posible. Ellos son los soñadores y los visionarios. Ellos son los que producen las ideas. Siempre están buscando la energía de qué generar en la vida. Los creadores viven para preguntas como esta, ¿Qué es posible? ¿Qué opciones tengo? ¿Qué puedo contribuir? Su talento y habilidad es ver lo que es posible en los negocios y en la vida. Un creador es una de esas personas a quienes siempre le surgen millones de ideas. Es por eso que escribir todas tus ideas en el libro de las posibilidades es tan efectivo.

Recientemente estaba hablando con un hombre que me dijo, "A veces se me ocurre una idea para un negocio. Puedo ver el comienzo y como será en el futuro, pero entonces, esta ese punto medio, que es acerca de cómo hacer que pase. No puedo ver eso. Amo tener la idea y la visión de cómo será, pero no tengo ni la menor idea acerca de cómo darle vida".

Este es un ejemplo perfecto de un creador que necesita de un movedor. Le pregunté, "¿Qué tal si invitas a alguien que pueda hacer todas las cosas en el punto medio? Hay muchísimas personas a quienes les fascina organizarlo todo para que los negocios se realicen". Desde entonces, él se conectó con un gran movedor que lo está ayudando a implementar sus ideas, y su nuevo negocio está en camino.

Los fundadores tienen las habilidades combinadas de los conectores, los movedores y los creadores. Son maravillosos en las tres cosas. Un fundador puede hacerlo todo por sí mismo en los tres roles. Son grandes coordinadores porque saben cómo conectar, mover y crear. Ellos ven todos los aspectos de un negocio, saben que es necesario en cada área y trabajan eficientemente con las personas para asegurarse que todos los elementos necesarios para que un negocio sea exitoso estén en su lugar.

¿Quiénes son los conectores, movedores y creadores en tu vida?

Espero que mientras lees vayas tomando nota de las personas que conoces que concuerdan con las descripciones de los conectores, movedores y creadores. Dirás, "Ah, sí, esa persona siempre está hablando de mis productos y yo ni siquiera la he contratado". Bueno y ¿qué tal si contratar a los conectores, movedores y creadores no fuera ni siquiera necesario? ¿Qué tal si fueran solamente personas que contribuyen a tu negocio? ¡Lo son! ¿Qué tal si estuvieras dispuesto a recibir conectores, movedores y creadores en todo lugar y en todo momento?

¿Cuál eres tú?

Para tener más claridad de si eres movedor, conector, creador o fundacional, pregunta:

¿Qué disfruto haciendo y siendo dentro del negocio?

Cada uno de ellos es esencial en tu negocio

Cada uno el conector, el movedor y el creador es tan importante el uno como el otro. Ninguno es más valioso o mejor que el otro. Cada uno tiene talentos y habilidades que son necesarias para administrar un negocio exitosamente y sin tropiezos, con facilidad y gozo. Ninguno de ellos es especial y todos son especiales. Si no tienes a alguien en tu negocio con las destrezas de un buen conector, movedor y creador no tienes los elementos en su lugar para tener éxito. (Por cierto, esto es verdad también en tu relación amorosa. Una relación exitosa también requiere de compañeros con las cualidades de los conectores, movedores y creadores).

"Soy solamente un conector"

Digamos que descubres que eres un conector. Te puedes preguntar como un amigo mío se preguntó, "¿Cómo puedo tener un negocio exitoso si soy solamente un conector?" La respuesta es sencilla: no tienes que hacerlo todo tú mismo. Haz la parte que te trae gozo. Pregunta:

+ *¿Quién más tiene que venir generar lo que se necesita?*

O tal vez puedes generar un negocio que tiene que ver con conectar. Le pregunté a mi amigo, "¿Qué tal que tu negocio sea conectando a las personas? ¿Qué tal si tu negocio está relacionado con lo que tú eres?" Si eres un conector puedes hacer un negocio del hecho de poner a las personas en contacto con otras personas. Mira el caso de craiglist. Él es un conector. Mira a AngiesList. Ella es una conectora. Eso es lo que ellos hacen -ellos conectan a las personas- y ellos están haciendo dinero con ello.

"Soy un conector pero odio promoverme a mí mismo"

Aún siendo un conector, quizá necesites encontrar a otro conector para ayudarte a promoverte a ti mismo, si es que como tantas otras personas (incluso conectores) encuentras difícil la auto-promoción. Tal vez necesites encontrar a alguien diestro en las redes sociales que te ayudaría a conectarte ampliamente. O tal vez puedes contratar a una compañía de redes sociales que te conecte en todo el mundo. Pregunta:

+ "¿A quién o qué debo agregar al negocio?"

La idea con esta información es tener la consciencia de lo que tú y otros encuentran fácil, en lo que tú y otros son buenos, y a usar a todas las personas a su más grande capacidad, lo cual creará más gozo de los negocios.

¿Cuáles son las posibilidades infinitas?

Capítulo 15

Detalles prácticos. Contratar a las personas para tu negocio

Cuando llegue el momento de contratar a alguien para tu negocio, no pidas solamente que un empleado llegue. Pide por una persona que sea más que un empleado; pide a alguien que vaya a contribuir más allá de tus sueños más desmesurados a expandir tu negocio, además de ayudarse a sí mismo. Pide a alguien que desee para tu negocio una realidad mucho más grande.

No siempre operé de esta manera. Años atrás, antes de que yo supiera que mi negocio era una entidad aparte, y que pensaba que yo era la dueña tenía el punto de vista de que nadie podía hacer algo tan bien como yo lo hacía. Así que adivina ¿qué clase de personal yo contrataba? ¡Sorpresa! Nosotros creamos nuestra realidad. Ninguna persona de las que contrataba podía hacer las cosas tan bien como yo las hacía.

Yo me empeñaba en la idea de que yo era la única que podía hacer mi negocio, y en ese proceso mantenía un control muy estricto de todo. Muchos dueños de negocios asumen esta posición. No quieren soltar absolutamente nada. El problema con esto es que cuando aprietas algo con mucha fuerza, tu mano

está cerrada. No puedes recibir nada más. En una de las pelícu-
las de La guerra de las Galaxias, hay una escena en la que uno
de los personajes esta aferrado a un universo y otro personaje
le dice a él: "Si tu no dejas ir ese universo, no podrás recibir los
otros universos". Cuando sueltas el control, algo mucho más
grande surgirá para ti y para tu negocio. Ahora, cuando es el
momento de contratar a alguien, yo pido personas que trabajen
conmigo que sepan más de lo que yo sé.

Si hay un área en la que no disfrutas tanto, o en la que no
eres tan bueno, encuentra a alguien que disfrute trabajar en esa
área. Por ejemplo, yo puedo habar con cualquier persona, hombre, mujer o niño, acerca de cualquier tema, pero las conexiones
no son lo que yo disfruto. Prefiero ser la creadora y la movedo-
ra. Con Good Vives for You ahora tenemos a alguien trabajando con nosotros en las ventas quien es mucho mejor que yo.
A él no le corre sangre por las venas; él tiene ventas de vibras.
¿Por qué no contratas a personas que puedan hacer las cosas
mejor que tú? Nosotros también tenemos en nuestro personal
alguien que ama la contabilidad. Su actitud es, "¿Puedo hacer
esto, por favor?" Mi respuesta es, "¡Por supuesto!" Ella lleva la
contabilidad mucho mejor que yo porque ella ama hacerlo.

Al invitar a alguien a tu negocio a hacer las cosas que a ti no
te gustan, le estás contribuyendo a tu negocio. Serias egoísta
con tu negocio si no permites la contribución de alguien que
realmente goza haciendo el trabajo que necesita hacerse. Tener
a personas extremadamente competentes trabajando en tu negocio, ¿va a expandir tu negocio o va a hacerlo más pequeño?
¡Va a expandirlo!

Contratar

Estas son algunas de las preguntas que puedes usar cuando estas considerando contratar a alguien:

Verdad, ¿ esta persona hará dinero para el negocio ahora y/o en el futuro?

Tu puedes recibir un no. No concluyas inmediatamente, "Oh, no puedo contratar a esta persona". En vez de eso, pregunta:

Verdad, ¿contribuirá esta persona a la compañía en alguna forma?

Tomarás consciencia de esto a través de una respuesta energética y entonces, a partir de ahí, puedes elegir. Recuerda, la elección crea consciencia.

Entrevistar

Cuando estas entrevistando a alguien para un empleo, prueba esto:

+ Di "verdad" en tu cabeza y entonces pregunta en voz alta:
+ *¿Qué es lo que yo no te he preguntado que yo debería saber acerca de ti?*

La verdad es la ley universal. Si preguntas "verdad" antes de una pregunta, las personas tendrán que decirte la verdad. Ellos dirán cosas como, "A veces llego tarde", o "Realmente no me gusta contestar el teléfono". Ellos te dirán lo que a ellos no les gusta y luego se preguntaran a sí mismos, "¿Por qué acab de decir eso? Se llama manipulación ¡y es divertido!

Cosas que debes averiguar acerca de tus socios de negocios o empleados potenciales

Estas son algunas cosas que debes observar cuando estás considerando tus socios de negocios o empleados:

¿Tienen mentalidad de pobreza? No contrates personas que tienen a la pobreza como su realidad. No va a funcionar si estás tratando de hacer dinero, porque ellos se aseguraran de que nunca hagas dinero suficiente, ni siquiera para pagarle a ellos.

¿Ellos o su familia han tenido dinero alguna vez? Las personas que han tenido dinero, esperan tener dinero. Ellos saldrán y crearán dinero para ti y para ellos porque el dinero es parte de su realidad. Ellos esperan tenerlo.

¿Aman el dinero? Aún cuando ellos provengan de la pobreza, si ellos aman el dinero, ellos harán dinero para ti y para ellos mismos, porque ellos aman el dinero.

¿Tienen el punto de vista de que ellos tienen que acumular todas las cosas en su casa que ya no necesitan? Si ellos lo hacen, debes saber que ellos probablemente jamás tendrán dinero porque están reteniendo lo que tienen como si eso fuera lo único que existiera. Date un paseo en su auto. Si su carro está lleno de basura, ellos son ese montón de basura y nunca harán dinero para ti.

¿Son inteligentes y conscientes? ¿Tienen sentido del humor? Tienes que trabajar con personas que mantengan tu mente en marcha. Si contratas a alguien que no es inteligente o consciente, en un periodo muy corto de tiempo estarás irritado con ellos.

Crear los negocios desde la consciencia es
el gozo de los negocios.
Es hacer negocios de manera diferente.

Capítulo 16

Empoderar vs
micro-administrar

Algunas personas con las que hablo a veces expresan inquietud en relación a la contratación de personal. Se preocupan, "¿Encontraré personas que son competentes? ¿Les tendré que explicar cada pequeño detalle? ¿Harán ellos un trabajo de mala calidad y tendré que hacerlo de nuevo? ¡Si es así, entonces terminaré haciendo el doble de trabajo! ¿Cómo puedo controlar las cosas para asegurarme de que todo salga bien?"

Yo les digo, "No trates de controlar las cosas". Tienes que estar dispuesto a ser el líder de tus negocios y el líder de tu vida. Los líderes son personas que saben hacia donde se dirigen y van en esa dirección no importa lo que esto requiera. Ser el líder de un negocio no necesariamente es que sea el mandamás o que lo controles todo. Puede ser que invites a las personas que trabajan contigo a que te den su punto de vista. Puede ser que esperes que ellos hagan elecciones propias.

Micro-administrar indica que tú, como líder de negocios, disminuyes tu consciencia y te concentras en la idea de que las cosas se tienen que ver de determinada manera. El problema con eso, es que esas ideas nunca ayudan a la expansión de un negocio; esas ideas lo harán más pequeño, que es lo micro de la *micro-administración*. Cuando micro-administras, vas hacia tus ideas y tus expectativas, y dejas las posibilidades atrás. Aprietas demasiado las riendas de tus empleados. Tiendes a estar encima de ellos, observándolos y diciéndoles cosas.

Este no es un enfoque práctico. Si te das cuenta de lo que le sucede a tu negocio y a tus empleados cuando haces esto, probablemente observarás que la energía deja de fluir. El flujo de dinero se disminuye, las cosas empiezan a contraerse y no hay mucho gozo. Esto es porque tú lo estas reteniendo todo. Tú haces negocios desde la conclusión, control y juicio, en vez de hacerlo a partir del conocimiento, la pregunta, la elección y las posibilidades infinitas.

Cuando empoderas a alguien, es una contribución a esa persona y a tu negocio. Estás permitiendo que la contribución venga a ti, y estás permitiendo que la contribución surja para tu negocio. Si les haces preguntas a tu personal y funcionas desde el espacio del conocimiento en vez de la solidez de las respuestas, puedes crear una energía de empoderamiento a través de la empresa, que le permite ser a las personas todo lo que ellos pueden ser.

Empodera a las personas a hacer aquello que ellos hacen bien

Empodera a tus empleados a hacer aquellas cosas que ellos hacen bien. A las personas les gusta crear sus propios trabajos. Cuando las personas hace lo que ellos aman, el trabajo se convierte en una invitación; se vuelve gozoso, y esto expande tu negocio. Cada persona tiene una perspectiva diferente. Si tengo un cuarto lleno de personas y le pido a cada uno de ellos que haga un trabajo en especial, cada persona va a hacerlo diferente. Esto es lo que es la expansión. Significa que cada persona tendrá ideas acerca de cómo hacer las cosas que tal vez nunca se te hubieran ocurrido a ti. ¿Qué tal si recibes la diversidad de lo que cada persona es?

¿Cómo lo harías tú?

Empoderar a las personas para que hagan lo que ellos desean crea una energía muy diferente de cuando les dices lo que tienen que hacer. Cuando alguien de mi equipo me pregunta cómo hacer algo, la mayoría de las veces yo les respondo: "*¿Cómo lo harías tú?*" Hacer esta pregunta te permite recibir su perspectiva.

El otro día tuve una reunión con una de las personas que trabaja con nosotros. El me preguntó, "¿Me pueden dar una indicación de cuáles son sus prioridades?"

Yo le pregunté, "Bueno, ¿en qué estás trabajando?

Él me dijo cinco cosas diferentes que él estaba haciendo.

Le pregunté, ¿Qué te gustaría hacer?

Él dijo, "Me gustaría trabajar en esto, y esto, porque veo que las cosas van yendo en esta dirección".

Yo dije, "Excelente, haz eso".

Más tarde, el mismo día, me envió un correo que decía, "Mil gracias por permitirme elegir mis prioridades".

Si yo le hubiera pedido hacer algo que él no quería hacer, ¿lo habría hecho bien? ¿Lo habría hecho rápido? ¿Lo habría hecho con entusiasmo? Tal vez no. Yo estuve dispuesta a que él no hiciera algunas de las cosas que yo pensaba que él debería hacer, porque sé que él está haciendo lo que el ama y lo considera importante, él lo va a hacer bien y va a contribuir mucho más de lo que yo hubiera podido exigirle.

Cuando funcionas desde un lugar en donde no estás dando órdenes, invitas a que te contribuyan y creas una energía más expansiva en tu negocio. Hazle estas preguntas a tu personal:

¿Qué puedes contribuir a este proyecto?

¿Qué ideas tienes?

Exactamente, ¿cómo te gustaría que esto se viera?

Exactamente, ¿qué significa esto para ti?

Usa la palabra *exactamente* en tus preguntas. Ayuda a la persona a definir lo que es verdadero para él y te da más información, y consciencia acerca de lo que la persona hará o no hará.

Cuando tú empoderas a las personas en esta forma, abres la puerta a que ellos pregunten, "¿en qué puedo contribuir?" Este es un factor inmenso en el éxito de un negocio. (Por cierto, preguntarles a las personas por sus opiniones o ideas no significa que tengas que implementarlas; solo significa que tienes mayor información y una perspectiva más amplia). Si estás dispuesto a preguntar y a recibir sus contribuciones, muchísimo más surgirá para ti y para ellos.

Empoderar a las personas a hacer lo que ellos desean hacer, crea una energía muy diferente a la de decirles lo que tú quieres que ellos hagan.

Capítulo 17

Acuerdo y entrega

Muchas personas creen que porque ellos son generosos y buenos, los otros les corresponderán con cosas buenas y espléndidas, y que conseguirán lo que desean. Ellos piensan "haz a los demás lo que te gustaría que te hicieran a ti" en realidad funciona. O también piensan, "si soy suficientemente bueno o generoso, o si hago lo correcto, todo saldrá de maravilla".¡No! Si has intentado esta estrategia tal vez habrás descubierto que no funciona. Cuando funcionas desde la perspectiva del "haz a los otros" no estás realmente observando lo que va a suceder. Tienes la fantasía de que el resultado va a ser mejor de lo que puede ser. Crees que lo que una persona te entregará es mucho más grande de lo que realmente te entregará.

¿Cuál es el acuerdo?

En vez de hacer negocios desde la tierra de la fantasía te invito a que uses una estrategia que nosotros llamamos, acuerdo y entrega. Se refiere a saber lo que tú deseas y requieres, hacer preguntas y reconocer qué es lo que la otra persona puede y entregará. Te permite obviar las fantasías que tienes, y las que la otra persona tiene, así puedes ver cuál es el acuerdo y qué es lo que se tiene que cumplir en ambas partes.

Cuando yo hago un contrato o cualquier clase de convenio con cualquier person, sobre cualquier cosa, yo pregunto ¿Cuál es el acuerdo? ¿Qué es lo que exactamente deseas y requieres de mí? Las preguntas son imperativas para que haya claridad. Cuando solamente anuncias lo que tú requieres, asumes que la otra persona te está escuchando. Esto siempre es un error. Tienes que tener claridad acerca de lo que requieres y de lo que cumplirás, y tienes que ser claro con la otra persona acerca de lo exactamente cumplirá. ¿Qué es lo que tú consideras que es el acuerdo? ¿Qué es lo que la otra persona considera que es el acuerdo? Tienes que hacer las siguientes preguntas;

+ ¿Cuál es el acuerdo?
+ ¿Qué es lo que vas a entregarme?
+ ¿Me entregarás lo que yo quiero?
+ ¿Estoy pidiendo algo que no puedes cumplir?
+ ¿Exactamente cuáles son los términos del acuerdo?
+ ¿Cuáles son las condiciones?
+ ¿Qué es lo que deseas y requieres de mí?
+ ¿Qué es lo que yo tengo que entregar para conseguir lo que quiero?
+ ¿Qué es lo que necesito saber aquí?
+ ¿Hay algo que no estoy dispuesto a preguntar?

Dinero
La estrategia del acuerdo y la entrega es especialmente importante cuando hay dinero de por medio, porque las personas tienden a ser ambiguas en relación con el dinero. Nunca son claras. Crean confusión, así que no tienes ni la menor idea acerca de lo que ellos van a cobrarte, cuál será el resultado, o cuando lo entregarán. Yo nunca soy ambigua en relación con el dine-

ro. Soy muy exacta. Yo quiero total claridad. Yo uso preguntas como esta:

+ *¿Qué quiere usted decir con eso?*
+ *Exactamente ¿Cómo va a ser esto?*
+ *Exactamente ¿Cuánto me va a costar esto?*

Siempre exijo una respuesta exacta. De este modo, no podrán regresar más tarde y decirme, "Oh, nosotros no hablamos acerca de las cosas extras que nosotros tendríamos que hacer".

+ *Si deseas saber lo que sucederá, necesitas hacer preguntas.*

¿Cumplirán los otros?

Cuando alguien dice algo así como, "Me gustaría trabajar contigo", averigua qué es lo que quieren decir. Pueden estar pensando que quieren viajar contigo (a tus expensas) y que a cambio ellos te cargarán las maletas. Esto, tal vez, no es lo que tú requieres.

Digamos que estás contratando a alguien para que saque a pasear a tu perro. Tú debes preguntar:

+ *¿Qué es lo que esperas cumplir?*
+ *¿Cuándo sacarías al perro a caminar?*
+ *¿Cómo será esto?*
+ *¿Cuántos días a la semana harías esto?*

No asumas que esa persona va a sacar a pasear al perro en la forma en que tú lo harías. Averigua qué es lo que ellos tienen en mente. Cuando trabajas desde la perspectiva del acuerdo y de la entrega, puedes tener claridad acerca de lo que tú mismo deseas, y puedes averiguar si en realidad la otra persona puede cumplir con lo que tú quieres. ¿Hará la persona lo que tú le pediste que hiciera? ¿Entregará lo que tú quieres? Mantente dispuesto a observar lo que está sucediendo y a preguntar ¿esta persona va a cumplir con lo que yo deseo?

Si una persona, ofrece hacer algo para ti, di, "Maravilloso. ¿En qué consiste el acuerdo? ¿Qué quieres a cambio? No permitas que alguien haga algo para ti y después, cuando ya está hecho, te entregue una factura mucho más grande de lo que esperabas. Inmediatamente pregunta, al principio, "Perfecto, ¿Cuál es el acuerdo? Tú tienes claridad. Ellos tienen claridad.

Nunca confrontes

Un buen amigo mío quería que algo se hiciera en su negocio. El encontró a una mujer que le dijo que ella haría lo que él necesitaba. El creía que habían llegado a un acuerdo sobre el costo del trabajo; sin embargo, ella tenía una idea completamente diferente. La mujer le envió una factura que era cuatro veces más grande de lo que él esperaba. Él estaba molesto y quiso confrontar a la mujer para que ella se diera cuenta que no había cumplido con lo que ellos habían acordado.

La idea que él tenía era "Si yo te confronto, tú te darás cuenta de que estás equivocado". El único problema con esta estrategia, es que la confrontación nunca funciona. Cuando tú confrontas a alguien o cuando te les enfrentas, ellos automáticamente tienen que defender la posición que ellos han elegido. Las personas sólo ven desde la perspectiva desde donde ellos están mirando. Nunca nadie va a entender completamente tu punto de vista o va a cambiar su punto de vista porque tú expresaste el tuyo. Al final es que si tú enfrentas a las personas, las personas tendrán que justificarse y defenderse.

"Estoy confundido. ¿Me puedes ayudar con esto?"

Siempre que voy a hablar con alguien sobre algo que esta sucediendo, evito entrar en una confrontación. Lo primero que digo es:

+ *Estoy confundida. ¿Me puedes ayudar con esto?*

Asumo la posición de que necesito ayuda: Hay algo que no puedo entender. Perdí algo. No recibí algo. Cuando asumes ese punto de vista, la otra persona siempre trata de llenar tus vacíos. Las personas intentarán ayudarte y te contribuirán. Lo único que tu estás buscando es claridad y consciencia ; no se trata de estar correcto o equivocado o de ganar o perder.

Hace poco me sentí frustrada cuando recibí un correo electrónico de una persona que trabaja conmigo. A mí me parecía que esa persona había sido grosera con otra persona. No lo confronté, ni tampoco le pedí que explicara lo que él había escrito. En vez de eso dije, "Estoy confundida ¿Me puedes ayudar con esto" y al hacerlo, descubrí que el realmente no tenía la capacidad para hacer lo que yo pensaba que él sabía hacer. Ahora que tengo la información, puedo encontrar a otra persona que tenga la capacidad para cumplir con lo que se necesita, sin enojo, confrontación o justificación. Esta estrategia permite que las posibilidades infinitas surjan. Es mucho más expansiva que confrontar a una persona o que no estar consciente de una situación que requiere de tu atención. Básicamente, se trata de tomar más consciencia.

La única ocasión en la que confrontar al otro puede ser útil es cuando quieres que alguien se dé cuenta de que va a salir perdiendo si continúa eligiendo lo que está eligiendo. Por ejemplo, algunas personas eligen ser obstinadas cuando están lidiando con el dinero. Ellos quieren crear una situación para que tú te confundas acerca de lo que cuánto te va a costar algo para que ellos "ganen". La confusión que ellos crean los ayuda a mantener el estado de autoengaño vigente. Cuando esto sucede, es útil decirles con cierta intensidad, "No entiendo lo que quieres. ¿Qué *#@! es lo que estás pidiéndom?" Esto puede clarificar lo que el acuerdo realmente es.

Nunca justifiques

Cuando le pides a alguien que entregue o cumpla algo para ti, puedes sentirte tentado a explicar o a justificar por qué deseas que se haga de cierta manera. Puedes pensar que explicando las razones de porqué lo quieres hecho de tal forma te ayudará a conseguir lo que deseas; por ejemplo, tu puedes decir, "Quiero este volante impreso en alta calidad y papel grueso porque deseo dar la impresión de que nuestro negocio es una organización muy exitosa que hace las cosas de la mejor manera posible". Cuando tratas de hacerle entender a las personas lo que estás eligiendo, justificas cada una de las acciones que estás tomando. No te justifiques o expliques. Solo di lo que es verdadero para ti. Di solamente, "Quiero este volante impreso en alta calidad y papel grueso".

Ya sea en los negocios o en tus relaciones personales, dile a las personas exactamente lo que necesitas. Dices, "Esto es lo que necesito para que esta relación funcione". No es, "El amor lo conquista todo". No es "Si les demuestro el amor que necesitan, todo estará bien". Eso es funcionar en un mundo de fantasía. Elévate a estar presente y ve más allá de la fantasía. Esto te permitirá crear lo que deseas. Cuando justificas lo que necesitas estás en realidad intentando confrontar a la otra persona, sin confrontarla directamente.

La justificación no funciona porque no hay manera en que la otra persona pueda seguir tu lógica personal. Las personas no querrán ver tu punto de vista porque ellos tienen el suyo propio. Ellos tienen que luchar contra lo que estás diciendo, o darse por vencidos y reconocer que tienes la razón. Nada de esto contribuye a su capacidad de entregar lo que tu quisieras.

Esto es lo que necesito, ¿puedes tú cumplirlo?

En vez de justificar lo que necesitas, que sería decir, "Estoy correcto en mi elección y quiero que lo veas de la manera que yo la veo", simplemente di, "Estoy eligiendo esto porque es lo que yo necesito". Eso es todo. No se necesitan explicaciones ni justificaciones. "Esto es lo que necesito, ¿puedes cumplirlo?" La otra persona entonces entenderá lo que tiene que hacer para que el acuerdo funcione y puede elegir entregarte lo que necesitas, o no.

Nunca busques aprobación

Lo mismo va para cuando intentas que las personas aprueben lo que tú requieres. No te molestes. No va a suceder. En vez de eso intenta ser claro y exacto en tus comunicaciones y averigua en que consiste el acuerdo. Clara y sencillamente diles a las personas lo que requieres. Haz preguntas y sé consciente de lo que ellos pueden y no pueden entregar.

Nunca confrontes, nunca justifiques
y nunca busques aprobación.

Capítulo 18

Confiando en lo que tú sabes

Y obteniendo la información que necesitas

En el mundo de los negocios es importante confiar en lo que sabes. ¿Quién puede saber más? ¿Tu contador? ¿Tu abogado? ¿Alguien en tu misma industria? No. ¡Tú sabes! Imagina lo que sería tu negocio si tú creyeras en ti mismo. ¿Habría más dinero o menos dinero? ¿Habría más diversión o menos diversión?

Conozco a una mujer que tiene un negocio con su esposo y con otro hombre que se ve a si mismo como un experto en los negocios. A pesar de que ella y su esposo son en realidad los dueños del negocio, el otro hombre tiene opiniones muy fuertes relacionadas con la manera en la que las cosas debían hacerse.

Ella alguna vez me dijo, "Es como si él siempre estuviera buscando una explicación detrás del porqué quiero hacer cosas. No me intresa converncerlo acerca de la forma en que o quiero hacer algo, así que hago las cosas a su forma. Pero esto me está haciendo miserable. Antes disfrutaba de nuestro negocio. Ahora lo odio".

Le pregunté, ¿He entendido correctamente? ¿Tú y tu esposo son los dueños del negocio?

Ella dijo, "Si".

Le dije, "así que tú y tu esposo tienen el poder y el control. ¿Qué tal si en vez de hacer las cosas a la manera en que él las quiere hacer, ustedes simplemente admiran lo que él ha logrado en sus negocios, ven sus opiniones como información por la que ustedes están agradecidos, y entonces siguen su propio saber? Eso sería funcionar desde la perspectiva del acuerdo y de la entrega. Ella elegiría y diría lo que y lo que ella desea la explicación, justificación y o confrontación.

¿Qué más necesito saber aquí?

Es importante que creas en ti mismo y que reconozcas lo que sabes. Al mismo tiempo, es importante hacer preguntas y obtener la información que necesitas. Puedes necesitar hablar con un contador, un abogado, o alguien en tu industria para encontrar lo que requieres saber. A algunas personas quieren presentarse como que saben absolutamente todo acerca de los negocios. Yo soy todo lo opuesto. Si algo surge que desconozco, pregunto, ¿Qué es esto? ¿Qué sabes acerca de esto? Escucha lo que cada persona dice, y sabrás cuándo la energía de lo que ellos están diciendo concuerda con la energía de lo que a ti te gustaría.

Si estás confundido, enfadado o molesto, o si sientes que algo en tu negocio es extraño o incómodo para ti, probablemente necesitas más información. Cuando las personas están confundidas o enfadadas, generalmente van directo a juzgar, o se tratan de culpar a si mismas o a alguna otra persona de que están equivocados. En verdad lo único que está sucediendo es que necesitan más información. La manera de resolver esto es haciendo preguntas. Tal vez un proyecto está estancado y no sabes cómo hacer para que siga hacia adelante. Si estás dispuesto a hacer preguntas, tendrás mayor claridad, y podrás hacer elecciones con consciencia. Cuando necesites más información, pregunta:

+ *¿Qué más necesito yo saber aquí?*
+ *¿Con quién necesito hablar?*
+ *¿Qué conocimiento poseo que no he estado dispuesto a reconocer?*

También puedes preguntar:

+ *¿Qué es lo correcto de esto que yo no estoy viendo?*
+ *¿Qué es lo que no estoy dispuesto a percibir, saber, ser y recibir?*

¿Hay una mentira aquí?

Si te sientes enfadado o frustrado, puede ser que haya una mentira. Pregunta:

+ *¿Hay una mentira aquí?*

No necesitas saber cuál es la mentira. Sólo tienes la toma de consciencia de que hay una mentira y esta ya es una información importante. Si haces más preguntas, puedes recibir más información. Es verdaderamente simple. Cuando tienes la información que necesitas, aún cuando sean malas noticias, aunque descubras que debes un millón de dólares, sabrás qué es lo que tienes que generar. Sabrás qué es lo que tienes que cambiar.

¿Hay aquí una mentira con una verdad añadida?

¿Has estado alguna vez en una situación en la que alguien te ha dicho, "¡Oh! Este es un convenio excelente. Vas a hacer un montón de dinero con esto". Sientes algo grandioso en relación con el convenio pero también sientes que hay algo que no es tan grandioso. Es una mentira con una verdad añadida. Puedes ver esos lugares en los que harás muchísimo dinero. Esa era la verdad. La mentira con esa verdad que no fue expresada, es "El dinero no lo recibirás en los próximos tres o cinco años".

¿Alguna vez has visto un aviso de un bien raíz que ofrece una casa bellísima con vistas al mar? Suena maravilloso, ¿cierto? Es una casa preciosa pero el mar sólo puede verse si tienes seis pies de altura, y te paras de puntas en un punto preciso en el lado izquierdo de barandal. Es una verdad con una mentira añadida. Si algo te suena extraño en una reunión de negocios o cuando estás desarrollando un proyecto con alguien, pregunta:

+ *¿Hay una mentira añadida a una verdad?*

No tienes que buscar cual es la mentira o cual es la verdad. Solo pide que la energía de la verdad y de la mentira se manifieste, y tú puedes destruir y des-crear todo lo que no te permite tener el conocimiento que tú requieres.

¿Qué está bien de esto que no estoy viendo?

Esta pregunta va más allá de la idea de que alguien o algo esta "incorrecto", no importa que situación sea. Nunca nada es incorrecto. Tu nunca en realidad cometes errores; estás constantemente aprendiendo y volviéndote más consciente. Cuando piensas que algo es equivocado, ese es un juicio. Tu estas cerrándole la puerta a las posibilidades que esa situación pueda contener. Esta herramienta abre la puerta a una mayor toma de consciencia y posibilidades. Pregunta:

♦   *¿Qué está bien de esto que no estoy viendo?*

Hay momentos, por ejemplo, en los que no es energéticamente correcto para alguien continuar trabajando en un negocio. Algunas personas pueden ver esto como una perdida, "Oh no, esta persona ha elegido dejar el negocio" o "Oh, no, tenemos que despedir a esta persona" o cualquier otra situación que pudiera ser. No juzgues que es un error despedir a esa persona o que es triste que se vaya. Empieza a hacer preguntas. ¿Qué tal si no es una perdida? ¿Qué tal si es una elección expansiva para tu negocio y para esa persona? ¿Qué tal si eso es lo que la compañía, el negocio o el proyecto requieren? Tal vez la partida de esa persona abrirá el espacio y la energía para que algo más surja para todos.

Una amiga mía estuvo bastante tiempo en una posición de mucho poder en una compañía petrolera, y después ella dejó de trabajar en la industria. Cuando tomó la decisión de regresar al negocio, ella ya no tenía un conocimiento actualizado de los sistemas que estaban usando. Fue a varias entrevistas y la única oferta que recibió fue la de un contrato de tres meses con una firma por una cantidad considerablemente menor comparada a la que ella deseaba recibir. En vez de asumir la posición de lo incorrecto de la oferta y del poco dinero que ella recibiría, ella se preguntó, ¿Qué hay de bueno en esto que no estoy viendo?

Ella se dio cuenta que había otra forma de ver la situación. Ella estaba recibiendo tres meses de entrenamiento pagado en los sistemas que ella necesitaba conocer, así que una vez finalizado el contrato ella estaría capacitada para salir y exigir mucho más dinero. Ella dijo, "Esto en realidad me da poder y potencia en lo que yo estoy eligiendo para mí misma. Sé que voy a poder conseguir un gran trabajo una vez que yo esté actualizada en los sistemas que la industria está usando".

¿Qué es lo correcto de mí que yo no estoy viendo?

También puedes aplicarte a ti mismo la pregunta "¿Qué es lo correcto de esto? ¿Has estado molesto contigo mismo por algo que has hecho? ¿Has concluido que has cometido un error? ¿Te has desmoralizado? Esta pregunta te ayudará a verte a ti mismo desde otro punto de vista, y puede abrir la puerta a algunas nuevas posibilidades. Pregunta:

• *¿Qué es lo correcto en mí que yo no estoy viendo?*

Esta pregunta/herramienta es para ayudarte a salir del juicio de ti mismo. Es una gran pregunta que te puedes hacer cuando entras en el estado de culparte. ¿Qué pasaría si nunca hubieras estado equivocado? ¿Crearías más para tu negocio y para tu vida?

Espero que uses todas estas preguntas en este capítulo para esclarecer problemas en los negocios y para obtener la información que necesitas. Cuando las usas consistentemente, con consciencia, empiezas a creer en lo que sabes aún con mayor fuerza. Y eso significa ¡más dinero, más diversión, y más del gozo de los negocios!

¿Quién es el que sabe? Tú.
Imagina lo que tu negocio sería si
creyeras en ti mismo.

Capítulo 19

Eligiendo para ti

Muchas personas malidentifican lo que es tomar consciencia. Piensan que el tomar consciencia a partir de la conclusión, el control y el juicio, en vez de crearse al hacer elecciones y preguntas. Funcionar desde la conclusión es: "Esta es la forma en la que nosotros lo hacemos. Esta es la forma en la que las cosas se han hecho. No vamos a hacer ningún cambio ahora. Esto funcionó la última vez así que vamos a hacerlo igual esta vez".

Digamos que estás organizando un stand en una exposición. Funcionar desde la perspectiva de la conclusión y del control consistiría en decir: "El año pasado hicimos un trabajo excelente. Nuestro stand fue un éxito. Este año tenemos que ubicarnos de nuevo en el mismo espacio y debemos hacer las mismas cosas porque eso fue lo que atrajo a las personas el año pasado". ¿Hay algún espacio para tomar consciencia y cambio en este enfoque? No.

Funcionar desde la toma de consciencia sería: "La exposición fue maravillosa el año pasado. ¿Será exitosa este año también? O ¿Habrá algo a lo que le debemos prestar atención este año? Ahí no se ha llegado a ninguna conclusión. Estás dispuesto a participar en la exposición, y también estás dispuesto a no participar. Estás dispuesto a hacerla de una manera muy distinta a la del año pasado.

Decisión vs elección

A veces las personas confunden decisión con elección. Esto es particularmente verídico cuando las decisiones están profundamente enraizadas en la familia, la cultura o la industria. Una decisión está relacionada con un juicio. "Esto es lo que estoy haciendo". ¡Boom! Eso es todo. Ningún cambio es posible. Una decisión cierra la puerta a la posibilidad. No hay nada más que hacer. Una elección en cambio, es algo que puedes cambiar en un segundo.

Un participante en una de las clases de Access Consciousness en Italia me dijo, "Vivo en un lugar en donde las personas pasan sus vacaciones de verano. Así, que yo solo trabajo durante el verano. No necesito ni siquiera un carro, pero debido a esto, no tengo acceso a otros lugares en los que pudiera encontrar un trabajo adicional. ¿Cómo puedo cambiar esto?"

Mi respuesta fue, "¡Elección! Elegir facilita tomar consciencia; la consciencia no crea elección. Hay un planeta completo ahí afuera, y solamente porque naciste en Italia, en una hermosa villa veraniega no significa que tengas que quedarte ahí. Tú puedes cambiarlo todo. Decir 'Elegir facilita tomar consciencia significa' que tomas consciencia de lo que es posible cuando tú eliges. Abres la puerta a nuevas posibilidades y a nuevas maneras de hacer las cosas. Si no eliges, nunca tendrás la consciencia de lo que también hubiera podido aparecer".

"Si dices, 'No puedo encontrar un trabajo adicional porque_____,' todo después de ese porque es una excusa de porque no estás eligiendo algo mucho más grandioso. Así que no puedo creer tu historia, ni la historia de otras personas, que como tú no pueden tener lo que desean tener en sus negocios y en sus vidas".

Las personas a veces hacen este tipo de justificación. Hace poco hablé con una mujer que vive en una parte muy remota de Australia. Ella repetía constantemente que su aislamiento era la razón por la cual ella no podía crear su negocio.

Yo le pregunté, "¿Qué tal si no usaras el lugar en donde vives como una excusa para explicar por qué tú no puedes realizar tu negocio? No tienes que mudarte para crear un negocio. Observa lo que está disponible para ti. ¿Qué tal las redes sociales? Empieza un blog, habla por la radio, entra en Facebook, saca una cuenta de Twitter. Haz cualquier cosa que se necesite. Organiza una teleconferencia. ¿Qué puedes tu instituir para expandir tu negocio hoy, dondequiera que tu estés?"

No recurras a las decisiones y a las excusas. Haz preguntas:

* *¿Qué limitaciones he creado?*
* *¿Qué tendría que cambiar aquí? y ¿puedo yo cambiarlo?*
* *¿Qué es lo que yo estoy creando que es más valioso que el éxito que puedo elegir?*
* *La elección facilita tomar consciencia.*

¿Estoy ahora eligiendo para mí?

Hablé con una artista que se mudó de Canadá a Suiza. Ella estaba buscando un lugar para abrir su estudio/galería. Ella quería tener un estudio en el que ella solo tuviera que caminar o al que pudiera llegar en bicicleta, y encontró un lugar que le gustaba muchísimo. Estaba a solo dos minutos de su casa. Sus amigos empezaron a decirle, "Esta es un área residencial. Nadie te va a encontrar aquí. Nadie va a venir a ver tus obras o a tomar tus clases". Ella me dijo, "Yo sé lo que quiero mejor que nadie pero siempre que pienso en lo que mis amigos me dicen, me confundo".

Le pregunté, "Verdad, ¿te has comprado las proyecciones de las otras personas, de que esto no podría funcionar?

Ella respondió, "Sí".

Después de realizar juntas el enunciado aclarador ella se dio cuenta que podía confiar en si misma. Ella dijo, "En el pasado siempre creé un espacio en el que me sentía cómoda trabajando, y siempre tuve éxito. Nunca le pregunté a las otras personas sus opiniones sobre lo que yo hice y no necesito hacerlo ahora".

Cuando eliges para ti, todo terminará acomodándose. Cuando eliges en contra de ti mismo o cuando eliges por complacer a alguien más, las cosas empezarán a destruirse. Pregunta:

+ *¿Estoy eligiendo para mi aquí?*
+ *¿Aquí estoy eligiendo por el negocio?*
+ *¿Qué es lo que el negocio requiere?*
+ *¿Qué es lo que yo requiero?*

Recientemente un negocio que conozco no estaba marchando bien. Los tres dueños sabían que tenían que realizar grandes cambios. Dos de los dueños estaban tratando de cerrar el negocio o de venderlo, incluso si representara una pérdida. El tercer dueño dijo, "¡Voy a lograr que esta compañía crezca! ¡Este negocio puede funcionar!" Eligió para sí mismo, e hizo la demanda de que no importara lo que sus socios dijeran, iba a lograr que el negocio fuera un éxito. Él no estaba dispuesto a comprarse los puntos de vista de los otros. Él estaba dispuesto a liderar su negocio y su propia vida. Su demanda de que el negocio continuara, abrió un espacio diferente y diferentes posibilidades. En tres semanas, las cosas empezaron a cambiar. En el negocio empezaron a recibir más órdenes y empezó a entrar dinero. Este hombre eligió para sí mismo; no estuvo dispuesto a darle más valor a los puntos de vista de las otras personas que a lo que él sabía que podía crear y generar. ¿Cuantas veces te has detenido a ti mismo basado en lo que alguien más pensaba? ¿Funcionó para ti darle más valor a otra persona que dártelo a ti?

Creer en los puntos de vista de las otras personas

Muchos de nosotros hemos aceptado las actitudes de los demás en torno a los negocios y al dinero. Digamos que tus padres tienen un pequeño negocio y el punto de vista de ellos es, "Puedes generar lo que necesitas para vivir, pero nunca serás rico". O ellos se están quejando constantemente acerca de lo difícil que ha sido para ellos tener un negocio. Todo en ellos está relacionado con el trauma y el drama de tener un negocio. Tú puedes haber aceptado estos puntos de vista sin cuestionar su validez. O puede ser también que hayas observado la forma en la que las personas en tu industria operan y que hayas creado puntos de referencia basados en la forma en la que ellos hacen las cosas. Puedes haber asumido sus puntos de vista, sin ni siquiera estar consciente de ello.

Cuando yo estaba importando mercancía de Asia, las personas solían decirme que yo había elegido un negocio que requería de muchísimas horas de trabajo, y que me iba a tocar trabajar muy duro. Esto era bastante cómico teniendo en cuenta todo el tiempo que yo pasaba en la playa. Yo sabía que podía hacer las cosas de un modo diferente. Afortunadamente, no creí en esos puntos de vista. Aun cuando tú hayas creído en los puntos de vista de los otros, tú puedes descrear y destruir esos puntos de vista.

¿Cómo lo haces? ¡Usa el enunciado aclarador! ¿Te dice tu familia, tus amigos, tus socios de negocios, que no puedes ser un multimillonario y tenerlo todo? ¿Proyectan ellos en ti el que nunca podrás lograrlo? ¿Que no tendrás éxito? O ¿Que tienes demasiados negocios o proyectos al mismo tiempo?

No tienes que creer en esos puntos de vista. Puedes tenerlo todo, puedes tener éxito y puedes tener todos los negocios y todos los proyectos que tú quieras. Créeme, tu puedes. Tú creas tu propia realidad y tu propio negocio.

¿Qué son los negocios para ti?

Cuando facilito los talleres del Gozo de los Negocios, con frecuencia les hago a los participantes preguntas como estas, "¿Qué significan los negocios para ti?" O "¿Qué imagen de los negocios tienes tú?" "Por favor, no pienses las respuestas. Solo diilas aunque sean totalmente descabelladas. Esos son los puntos de vista que están limitándote".

Hace poco pregunté en una de mis clases, "¿Qué sucedería si tú hicieras dinero?" Una mujer dijo, "Yo estaría enojada como nunca y querría asesinar a las personas". Alguien más dijo, "Yo sería la amapola más alta. Me da miedo que me corten la cabeza". Otra persona dijo, "¡Yo sería libre!". Ella había decidido que si ella tenía dinero en su vida, ella sería libre. Pero ¿qué pasaría si ya fueras libre? Después de que las personas han expresado sus respuestas, les pido que las destruyan y las descreen. Esto puede crear un mayor cambio y una mayor consciencia para las personas en sus negocios y en sus vidas.

Inténtalo tú mismo. Escribe tu respuesta a la siguiente pregunta:

- *¿Qué son los negocios para ti?*

  1. _____
  2. _____
  3. _____
  4. _____
  5. _____
  6. _____

Ahora, usa el enunciado aclaradorpara destruir y descrear tus respuestas:

Todo lo que esto sea, ¿estás dispuesto a destruirlo y a descrearlo, por un dioszillón? Acertado y equivocado, bueno y malo, POOC, todos los nueves, cortos, chicos y más allás.

¿Quién soy yo en este momento?

Un día cuando estaba haciendo este ejercicio, una mujer dijo, "Me acabo de dar cuenta de que la mayoría de los puntos de vista que he expresado no son míos. Son de mi padre. Me veo a mi misma siendo mi padre. No sé cómo separarme de él".

Le pregunté, "¿no sabes cómo separarte de él, o no has estado dispuesta a saber en realidad quien eres tú?" Entonces le dije, "Si te das cuenta de que muchos de tus puntos de vista en relación con los negocios y el dinero son de tu padre, en cualquier circunstancia que estés lidiando con los negocios o el dinero, pregunta:

- *¿Quién soy, en este momento?*

Se de alguien que hizo esto con su mamá. Ella sentía que no quería ser como su mamá, e irónicamente, era simplemente como ella. Usó esta pregunta por días, y días. Hacia algo y luego se preguntaba, "¿*Quién soy yo en este momento*? "¡Oh! Soy mi mamá". Ella destruía y descreaba ese punto de vista y demandaba que esto cambiara. Y cambió. Ella dijo, "Ya no creo más en los puntos de vista de mi mamá relacionados con lo que yo debo ser o con lo que yo debo hacer, lo que yo debo tener y lo que yo debo crear".

Cuando tu declaras, "no quiero hacer negocios como mi papá", en realidad estás pidiendo una situación que no deseas. Esto es porque la palabra "querer" originalmente significaba "necesitar". Tú estás diciendo, "no necesito hacer negocios como mi papá" o "hago en demasía negocios como mi papá". Tus palabras crean tu realidad. Si tú repites que no quieres algo, ¿adivina qué? Tú estas creándolo. En vez de eso usa la pregunta ¿Quién soy en este instante? Y cuando estás consciente de que estás asumiendo los puntos de vista de tu papá (o de cualquier otra persona) destrúyelos y descréalos.

Practica el elegir para ti mismo

Practica el elegir para ti mismo. Empieza con pequeñas cosas. Pregunta:

+ ¿*Estoy eligiendo por alguien más que no sea yo?*
+ *Verdad, ¿Qué es lo que a mí me gustaría elegir?*
+ *Verdad, ¿Esta elección me hace sentir más ligero?*

¿Cómo serían tus negocios y tu vida si estuvieras eligiendo verdaderamente para ti? Estoy hablando de estar consciente en todo momento de tu vida: consciente en tus negocios y consiente en tu vida diaria. ¿Estas limitando tu vida, tu forma de vivir, tu realidad, por los puntos de vista de otra persona? Este es el momento de cambiar eso y de encontrar ¿qué es lo que funciona para ti? ¡Bienvenido a la aventura de vivir y hacer negocios!

¿A quién le pertenece esto? ¿Es esto mío?

Las preguntas, "¿a quién le pertenece esto?" y "¿es esto mío?" son una invitación a que te vuelvas consciente de que estás sintiendo emociones o teniendo pensamientos que no son tuyos. No puedo enfatizar suficientemente la importancia de estas preguntas. ¿Por qué? Porque 99% de los pensamientos, sentimientos y emociones que tienes, no son tuyos.

Un día, estaba hospedándome en la casa de un amigo en Melbourne, porque iba a facilitar unos talleres de Access Consciousness allá. Era el lunes en la mañana. Yo estaba arrastrando una cadena y pensando para mí misma, "No puedo creer que tengo que ir a trabajar, tengo que ir a hacer esto, tengo que hacer lo otro. Tengo que tomar el tren". Entonces, de repente dije, "¡Espera un segundo! Yo no tengo ni siquiera que tomar el tren". Usé la herramienta de Access:

+ *¿A quién le pertenece esto?*

Me di cuenta que esos pensamientos, sentimientos y emociones no eran ni siquiera míos. Pertenecían a cada una de las personas que esa mañana de lunes, se estaban levantando y tenían aprehensión por tener que ir a trabajar. Apenas hice la pregunta, tuve consciencia de que yo amaba lo que estaba haciendo. De repente, yo tenía más energía y un mayor sentido de mi y del gozo y de la tranquilidad que yo soy.

Si estás llegando a una reunión de negocios y sientes nerviosismo, preocupación o incomodidad, pregunta, ¿A quién le pertenece esto? Le puede pertenecer al director ejecutivo que está sentado a la cabeza de la mesa. Le puede pertenecer a uno de los miembros de la junta directiva. Le puede pertenecer a uno de tus colegas que está sentado al lado tuyo. No tienes que saber a quién le pertenece. Todo lo que necesitas es tener la consciencia de que no es tuyo, porque como he dicho antes, 99% de los pensamientos, sentimientos y emociones que tienes, no son tuyas.

Este es un ejercicio que te cambiará vida. Por los próximos tres días, cada vez que tengas un pensamiento, un sentimiento, o una emoción, pregunta:

¿A quién le pertenece esto?

Cuando haces la pregunta, te darás cuenta que el sentimiento se aligera y las cosas cambian. Esto indica que ese pensamiento, sentimiento o emoción, no eran tuyos en primer lugar. Cuando esto ocurre, tienes una mayor consciencia de lo que verdaderamente quieres generar y crear en tu negocio y en tu vida. Recuerda: Si se siente ligero, es una verdad. Si se siente pesado, es una mentira.

Cuando eliges para ti, algo mucho más grandioso puede surgir.

Capítulo 20

Elige la Consciencia.
NO las Agendas Secretas

Las agendas secretas son decisiones que tomamos o conclusiones a las que llegamos, de las que no estamos cognitivamente conscientes. Por ejemplo, pudiste haber hecho algo en tus negocios y luego decidiste, "¡nunca haré esto de nuevo!". O pudiste haber trabajado en una industria específica y haber concluido, "esta es la forma en la que esto tiene que ser. Esta es la forma en la que el negocio tiene que mostrarse". Estas decisiones y conclusiones se convierten en agendas secretas. Puedes haber tomado estas decisiones en otra época de tu vida, pero casi siempre las hiciste en vidas previa".

Por ejemplo, digamos que fuiste un pintor, en una vida previa. Amabas crear tus pinturas, pero nunca hiciste dinero suficiente siquiera para sobrevivir. Tu vida fue tan miserable que llegaste a la conclusión de que no querías tener que ver absolutamente nada con el arte, nunca más, porque no podías sustentarte con ello.

En esta otra vida, adivina ¿qué?, te sientes extremadamente atraído hacia el arte. Amas las pinturas y las esculturas, y consigues un trabajo maravilloso en una galería de arte, pero no puedes vender nada porque tienes una agenda secreta. Tú habías decidido que no podías sostenerte con el arte.

O tal vez en tu vida anterior recibiste plenamente ayuda financiera para crear algo, y decidiste, "Esto ha funcionado muy bien. ¡Voy a hacerlo de nuevo!". En esta existencia creas algo similar, y esperas que el apoyo financiero surja de la misma forma. No entiendes por qué no recibes dinero. Preguntas, "Eh, ¿en dónde está la compensación monetaria? Estoy haciendo lo que había funcionado antes, pero no estoy recibiendo apoyo financiero. ¿Qué está pasando? Te juzgas a ti mismo porque el apoyo económico no se materializa.

O tal vez deseas tener tu propio negocio, pero te han dicho que no puedes formar parte del mundo de los negocios porque eres una mujer. Te encantaría tener tu propia compañía, pero no tienes la capacidad para empezarla. ¿Qué te está deteniendo? No te das cuenta, pero has creído en los juicios y proyecciones de los otros acerca de ti, y decidiste que una mujer no puede tener éxito en los negocios. Tal vez esto proviene de una época temprana de tu vida; tal vez proviene de una vida previa a esta. No importa. Las agendas secretas nos limitan, y nosotros las hemos mantenido tan secretas que ni siquiera nosotros mismos sabemos cuáles son. Afortunadamente no es difícil lidiar con ellas si deseas descrearlas y destruirlas.

¿Cuál es tu agenda secreta?

Si algo no está funcionando en tu negocio, pregunta si existe alguna agenda secreta (o conclusión o juicio) en alguna parte.

+ *¿Qué agenda secreta he creado que mantiene todo lo que no puedo cambiar, elegir o instituir? Todo lo que eso es lo destruyo y los descreo, por un dioszillón. Acertado y equivocado, bueno* *y malo, POD and POC, todos los nueves, cortos, chicos y más allás.*

+ *Tú eres quien tiene la potencia para cambiar una agenda secreta.*
+ *Es tu elección. Nadie más puede hacerlo por ti.*

Las agendas secretas en tus negocios

A veces los dueños de los negocios están renuentes a contratar a una persona o a relacionarse con un socio en los negocios porque están preocupados pensando que pueden surgir posibles desacuerdos, conflictos o problemas. ¿Has tenido este tipo de preocupación? ¿Qué tal si no te llevas bien con la persona? ¿Qué tal si los dos no están en la misma sintonía? ¿Qué tal si la persona tiene una agenda secreta que se contrapone a tu agenda secreta?

Si tienes un negocio, tienes que averiguar si tienes una agenda secreta. Pregunta:

+ *¿Cuál es mi agenda secreta en relación a mi negocio?*

Y si trabajas con alguien más en tu negocio, (o si estas considerando trabajar con alguien más), te sugiero que averigües si él o ella tiene una agenda secreta. Pregunta:

+ *¿Cuál es su agenda secreta en relación conmigo?*
+ *¿Cuál es su agenda secreta en relación con el negocio?*

No necesitas discutir esto con la persona. Es solamente algo de lo que tú debes estar consciente. Yo hago esta pregunta en relación a las personas que trabajan conmigo y recibo información, e incrementa mi consciencia. Usar el enunciado aclarador al final de cada pregunta acrecentar tu consciencia y te dará una mayor claridad en relación a tus elecciones.

Por ejemplo, puedes descubrir que tu socia quiere darse a conocer como una gran mujer de negocios. Eso es lo que a ella le gustaría ser. Es su agenda secreta. Si su agenda secreta funciona para ti también, esto va a contribuir a la compañía. Así que preguntas, ¿Qué puedo yo contribuir para que ella sea conocida como una gran mujer de negocios?

Si ella está nominada para ser reconocida como "la mujer de negocios del año", tu puedes decir, "Perfecto, ¿qué puedo yo contribuir a esa nominación?" Ahora, si fueras a ser el papel de la perra endemoniada y envidiosa competitiva del infierno, tu dirías, ¿Cómo es posible que no he sido yo la nominada? ¡Es a mí a quien han debido darle ese reconocimiento"!" ¿Qué es lo que esto va a crear? Empezará a destruir tu negocio, en vez de expandirlo. Si contribuir a la agenda secreta de tu socia va a contribuir a tu negocio, entonces tú serás tan exitosa como ella lo sea.

Digamos que tu socio es un conector fabuloso al que le gustaría ser una estrella. A él le gustaría ser realmente famoso. Averigua si esto contribuiría a tu negocio. Tal vez él te conectará con algunos contactos maravillosos que te ayudarán a engrandecer tu negocio. Cuando estás consciente de las agendas secretas de los otros, tu puedes contribuir a su desarrollo, el cual también contribuirá a tu compañía. Solamente haz la pregunta:

+ *¿Cómo puedo yo contribuir?*

Si la agenda secreta de tu socio o de tu empleado no funciona para ti, averigua si en realidad tu socio y su agenda secreta están contribuyendo a tu negocio. ¿Destruirá su agenda secreta la compañía? Una vez que sabes esto, tienes mayor información y mayor consciencia. Tú sabes uno de sus secretos oscuros. Si su agenda secreta no está destruyendo algo, pregunta, "¿Cómo puedo usar esto?" Tal vez no tengas claridad en este momento acerca de cómo puedes utilizar esa información, pero puede surgir en un mes o en un año. Recuerda: entre más consciente eres, más información tendrás.

¿Tienes conflictos con una persona?

Si tienes un conflicto o un problema con una persona que trabaja contigo, puedes hacer estas preguntas y usar el enunciado aclarador para destruir y descrear cualquier cosa que se manifieste.

+ *¿Qué agenda secreta tengo con _____?*
+ *¿Qué agenda secreta _____ tiene conmigo?*
+ *¿Qué agenda secreta _____ tiene con (nombre del negocio)?*
+ *¿Qué agenda secreta tengo yo con _____ (nombre del negocio)?*

Éxito: ¿Puedes saltar más alto que una pulga?

Hace mucho tiempo, se hizo un experimento con pulgas. Los investigadores colocaron pulgas en cajas transparentes de vidrio. Las pulgas trataban de saltar fuera de las cajas, golpeaban el vidrio en la parte superior de las cajas y después caían en el piso. No importaba que tam alto saltaran, no podían salir de las cajas. Cuando los investigadores quitaron las tapas de las cajas, observaron que las pulgas siguieron saltando a la misma altura. Ellas no podían salir de las cajas, aunque tuvieran la posibilidad de hacerlo. ¿No es esto interesante? ¿Has creado tú tu propio techo de vidrio transparente y no estás dispuesto a saltar y traspasarlo? Has decidido, "¿no puedo tener más éxito que mis padres o amigos, o hermanos y hermanas? O "¿no puedo hacer esto porque soy una mujer, o un hombre, o porque soy muy joven, o estoy muy viejo? Estas son agendas secretas que mantienen lo que no puedes cambiar.

¿Hay una cierta cantidad de dinero que has decidido que es demasiado incómodo tener? Esta es una agenda secreta también. ¿Qué se necesita para cambiar eso? Un día después de tener deudas por muchísimo tiempo, estaba sentada frente a mi computador, pagando cuentas. Miré mi cuenta bancaria y dije: "guau, ¡ya no tengo deudas!" Había pagado mis tarjetas de crédito, y tenía dinero en mi cuenta del negocio y en mi cuenta de ahorros. Pensé, "oh, así que esto es lo que se siente cuando no tienes deudas. ¿Dónde está la banda marcial? ¿Dónde están los fuegos artificiales?" Pensé que sentirme libre de deudas sería algo grandioso y no lo era. Era un simple, "oh, ahora tengo dinero. No debo dinero".

Un mes más tarde cuando estaba revisando mis cuentas, vi que tenía de nuevo deudas. Pregunté, "¿Qué pasó aquí? Me di cuenta que yo me sentía más cómoda al tener deudas que al tener dinero.

Habían quitado el techo transparente de mi caja de vidrio, pero todavía yo no saltaba lo suficiente para traspasarlo. Haciendo preguntas y usando el enunciado aclarador, elegí algo diferente. Hice la demanda, "Pase lo que pase, voy a tener dinero en mi cuenta bancaria. Voy a tener más dinero del que nunca imaginé que fuera posible tener". Y eso fue lo que empezó a pasar.

Observa tu vida y tu dinero, o el dinero que no tienes. ¿Cuántas veces te has dado cuenta de que tienes más deudas que dinero? ¿Nunca es suficiente? ¿Estás operando con una agenda secreta? ¿Has llegado a un acuerdo con todas las personas que te rodean, todos aquellos que están ofreciendo hipotecas, préstamos para negocios y ofreciendo tarjetas de crédito? ¿Eres tu una persona normal, promedio, y real? ¿Te sientes más cómodo siendo como el resto de las personas, en vez de saltar afuera de la caja de vidrio? ¿Estás dispuesto a ser tan diferente como verdaderamente eres y a funcionar desde una total consciencia?

> *Si estás dispuesto a funcionar desde una total consciencia, tu negocio cambiará.*

Capítulo 21

¿Qué es lo que las Personas Requieren?

Años atrás, cuando estaba comprando mercancías en la India, encontré en muchísimas ocasiones oposición al hecho de que yo fuera una mujer de negocios. Muchos hombres hindúes no se sentían cómodos haciendo negocios con una mujer y a veces decían las cosas más extrañas. Ellos tenían la absoluta certeza de que yo nunca tendría éxito en los negocios, y también tenían la percepción de que las mujeres blancas, éramos, mmm…, digamos "fáciles", porque nosotras tenemos sexo antes del matrimonio. Así, que yo prestaba mucha atención a lo que se requería para realizar negocios con ellos. Yo me fijaba en cómo me vestía, lo que decía, y en la forma en la que hacía mis negocios. Cuando ellos comprendían que yo era la que tenía el dinero y que quería comprar mercancías, ellos se tragaban su orgullo, me trataban con extrema cortesía, y me ofrecían el té más dulce del mundo. Al final, nos entendíamos de lo más bien. Yo estuve dispuesta a percibir qué era lo que ellos requerían y a entregar eso, no desde la resistencia y de la reacción, sino desde la consciencia y sabiendo de que conseguiría lo que yo requería. Todo esto es parte de la manipulación y del placer de ser el gozo de los negocios.

A veces, en Australia y en los Estados Unidos también me he encontrado con hombres que no se sienten cómodos trabajando con mujeres. No tengo punto de vista al respecto. Si un hombre se siente incómodo trabajando conmigo porque soy una mujer estoy dispuesta a hacer lo que sea necesario para que él se sienta cómodo. Se trata de descubrir qué es lo que las personas requieren.

Hace un tiempo, asistí a una reunión de negocios en Los Ángeles con un colega del sexo masculino que se dedica a hacer préstamos de capital privado. El hombre con el que nos reunimos, mencionó en tres oportunidades que a él no le molestaba hacer negocios con mujeres.

Cuando mi colega y yo salimos de la reunión, me volteé a mirarlo y le dije: "¿Te diste cuenta que a este tipo no le gusta hacer negocios con mujeres verdad? "No", me dijo el, "no me di cuenta de eso".

Le dije, "Si para ti no es problemático hacer negocios con mujeres, no lo repites tres veces. ¡No tienes siquiera que decirlo! Está bien. Tenemos la sartén por el mango porque sabemos qué es lo que se requiere. Vamos a usarlo. De ahora en adelante, tú serás su contacto".

¿Cuáles son las reglas de etiqueta?

Es importante saber qué es lo que tus contactos de negocios requieren, especialmente cuando estás trabajando en otros países y en otras culturas. Mantente dispuesto a observar lo que las personas requieren en sus negocios, así como lo que sus culturas requieren.

177

Hace poco un colega y yo pasamos un día completo realizando negocios en Corea. Yo había leído que a las personas en Corea les gusta crear relaciones bastante amistosas cuando hacen sus negocios. A ellos les gusta trabajar con personas que ellos consideran amigas, así que nosotros nos aproximamos a un cliente potencial de manera muy amistosa. Después de nuestra reunión, inmediatamente le envié un correo muy cordial dándole las gracias por haberse reunido con nosotros. ¿Era importante para mí, la amistad de este hombre? No. Sin embargo, si él deseaba tener una relación de negocios amistosa yo podía proveerle eso. A los coreanos les encanta tener reuniones frecuentes y breves. Ellos desean reunirse regularmente y mantener contacto frecuente, así que nosotros estuvimos dispuestos a hacer eso también.

Cuando yo estaba en la reunión con mi cliente coreano, estornudé. El hombre coreano me miró, y luego dijo cortésmente: "salud". Yo dije: "gracias", pero la energía se volvió pesada, incómoda. Yo pensé, "¡guau!, ¿qué será esta energia que acaba de aparecer? Mi colega ha hecho bastantes negocios en Corea así que después de la reunión le pregunté, "¿qué pasó? Él me dijo, "en Corea no se supone que estornudes en público".

Le pregunté, "¿cómo haces para no estornudar?

Él me dijo, "simplemente, no estornudas. Se considera que hacerlo es un acto de muy mala educación".

Tienes que conocer las reglas de etiqueta de los lugares en donde haces negocios. Las reglas de etiqueta y de comportamiento varían muchísimo en los diferentes países. En la India, por ejemplo, está bien escupir en la calle y en Singapur, en cambio, te pueden poner una multa de $200 dólares por hacer lo mismo.

Los franceses y los italianos se saludan los unos a los otros con besos en ambas mejillas, los británicos y los norteamericanos tienden a estrecharse las manos, los japoneses se inclinan en reverencia. Necesitas saber qué es lo que se requiere para darle a la gente una sensación de comodidad. La mejor manera de averiguar esta información, es haciendo preguntas:

+ *¿Qué es lo que las personas requieren de mí?*
+ *¿Qué lo que los honra a ellos y que es lo que me honra a mí?*
+ *¿Qué es lo que yo tengo que contribuir aquí para que una buena relación de negocios ocurra?*

Una vez en la India, yo estaba en una reunión de negocios con cerca de 12 personas, y ellos sirvieron un té hindú que a mí no me gustaba. No puedes decir, "No gracias, no deseo té". Tienes que aceptarlo. Yo traté de manejar la situación, bebí el té rápido y luego me comí uno de los dulces que ellos habían servido. Lo que yo no sabía era que yo les estaba dando a entender que a mí el té me había encantado y que quería más, así que ellos inmediatamente me llenaron la taza de nuevo. ¡Debía haber investigado cuál era el protocolo y saborear el té muy despacio! Debía haber preguntado: "¿Qué se necesita aquí?"

Uno de mis proveedores en Nepal en una ocasión organizó una cena muy grande y festiva para honrarme. Ellos degollaron una cabra; le abrieron la garganta, la sangre manaba a borbotones y la recogieron en una vasija. (Yo era prácticamente vegetariana, en esa época). Se considera que la parte más exquisita de la cabra es su grasa, así que ellos frieron porciones de la grasa de la cabra, y la vertieron en tazones de leche fresca de cabra. Yo pensé, "Oh no, ¿es esto una broma de mal gusto?" Pero como yo no quería deshonrarlos, tuve que recibir el regalo que ellos me estaban ofreciendo. Yo bebí la leche tibia y comí la grasa de la cabra. Una amiga que viajaba conmigo filmó el evento y pensó que era muy cómico, porque ella sabía exactamente lo que a mí se me estaba cruzando por la cabeza. Sin embargo, yo tenía el punto de vista de que aprender acerca de lo que se requiere en las diferentes culturas es parte de la aventura y el gozo de los negocios y la vida.

¿Cómo deberías vestirte?

Saber qué se requiere también se refiere a la forma en la que debes vestirte. En todas las reuniones de negocios a las que vayas, no importa dónde sean, hay una expectativa relacionada con la forma en que debes vestir. ¿Qué se requiere para crear ese juicio acerca de ti que los hará estar dispuestos a recibirte a ti y a tu negocio? Por ejemplo, a pesar de que las costumbres están cambiando, durante el tiempo que yo estaba haciendo negocios en la India, las mujeres no mostraban sus hombros, rodillas, o codos. No podían, de ninguna manera usar escotes, pero era bien visto que ellas mostraran el vientre. Siempre puse mucha atención a estas costumbres y expectativas.

Antes de asistir a una reunión de negocios, aún si la reunión se realiza en un país occidental, en donde podrías pensar que sabes qué usar, averigua cuáles son las costumbres de la compañía. ¿Cómo se visten los empleados, los directivos? ¿Qué se requiere? ¿Se requieren tacones altos? ¿Se requiere usar un sastre o una corbata? ¿Usarás los diamantes o las perlas? ¿Qué se requiere? Me contaron que cuando una importante aerolínea australiana entrevista a las candidatas para las posiciones de azafatas, los entrevistadores les piden que se pongan de pie y que se den la vuelta lentamente. Entonces, los entrevistadores observan los tacones de sus zapatos. Su punto de vista es el de que si los tacones están bien cuidados, y no están pelados, significa que esa persona cuida de sí misma. Es una buena candidata para el trabajo. Aparentemente, pequeños detalles como este pueden hacer una gran diferencia en la forma en la que las personas se conectan contigo. Dondequiera que vayas, es esencial descubrir qué es lo que se requiere, para que eso cree y genere el éxito para ti y para tu negocio.

Crea una conexión energética con las personas y mantén esa conexión vigente.

Capítulo 22

Manipulación de la Energía

A veces en las clases del gozo de los negocios le pregunto a las personas, ¿Cuántos de ustedes están relacionados con negocios en ventas? Algunos levantan la mano, y entonces yo digo: "Todos ustedes deberían haber levantado la mano, porque todos los negocios tienen algo que ver con vender y crear una conexión con las personas". Tu negocio, no importa qué clase de negocio sea, depende de la conexión que se hace con las personas y de la venta de tu producto o servicio.

Jalar energía

Una de las herramientas que puedes usar para conectarte con las personas, conseguir más clientes o hacer más ventas es usar jales de energía.

Los jales de energía son una forma energética de llegar a las personas y de hacer que se interesen en ti, en tus productos y servicios.

Aquí está cómo usarlos:

* *Recibe la energía de tu negocio, tu proyecto, tu producto, tu servicio, o cualquier cosa que tú quieras expandir.*
* *Recuerda: ¡Tú no eres eso! Eso es una entidad separada.*
* *Jala cantidades masivas de energía hacia tu negocio.*

- *¿Cómo haces esto? Solamente hazlo.*
- *Después jala cantidades masivas de energía de todas las personas alrededor del mundo hacia tu negocio y mantente jalando energía de todas las personas que están buscándolo y de todas aquellas que ni siquiera están conscientes de que lo están buscando. Continúa jalando cantidades masivas de energía.*
- *Ahora pídele a tu negocio que empiece a ecualizar esa corriente, enviando hilillos de energía hacia todas las personas alrededor del mundo.*
- *Pídele a tu negocio que te muestre el dinero. Pídele que los clientes lleguen y que el negocio se expanda.*

Si piensas que no tienes ni la menor idea de lo que estoy hablando cuando digo, "jalar energía", observa las relaciones entre los hombres y las mujeres. ¿Alguna vez te has dado cuenta que cuando un muchacho está interesado en una chica, usualmente, el empuja energía hacia ella? En cambio, cuando una chica está interesada en un muchacho, la mayoría de las veces, ella jala la energía de el joven hacia ella. Es así de simple.

Yo trabajé con un campesino italiano que tenía un viñedo. Él quería que más productores de vino supieran acerca de su producto. Yo le expliqué cómo hacer los jales de energía en esta forma:

"Recibe la energía de las uvas germinando y del vino delicioso que saldrá de ellas. Ahora jala la energía de todo el mundo sobre tu viñedo. Cuando percibas que esto está ocurriendo, pídele a tu viñedo que envíe hilillos de energía hacia todas las personas que estarían interesadas en contribuirte a ti, al viñedo y a tu negocio".

Tú jalas energía de la misma formaque si provees un servicio. Digamos que eres una masajista. Recibe la energía de la atención y el cuidado que generas hacia los cuerpos. Ahora jala la energía de todas partes alrededor del mundo hacia tu negocio y pídele a tu negocio invitar a los clientes para ser atendidos y consentidos.

También puedes usar los jales de energía para conseguir la atención de personas que deseas que sepan acerca de ti. Usa jales de energía cuando vas a asistir a una reunión de negocios con clientes potenciales, cuando vas a negociar algo, o cuando te diriges a una audición, o a una entrevista. Digamos que vas a presentar una propuesta a una compañía. Apenas te despiertas en la mañana, empieza a jalar cantidades masivas de energía de todas las personas que van a estar en esa reunión, ya sea los miembros de la junta directiva, los gerentes, los ejecutivos, los jefes de departamentos. Ni siquiera tienes que saber quienes son ellos. Cuando jalas energía de las personas, esto crea una sensación de confianza en ellos. Entonces, cuando entras por la puerta, ellos tienen la percepción de que ellos ya te conocen. Tú estás en control. Tú tienes su atención. Ya has creado una conexión con ellos.

También puedes usar los jales de energía cuando un cliente se ha retrasado en pagarte un préstamo. Cuando jalas energía de las personas que te deben dinero, ellos repentinamente no van a poder sacarte de su cabeza. Muy pronto te enviaran un cheque por el dinero que te deben. ¿Son los jales de energía manipulación? Si, lo son. Si no estás dispuesto a manipular la energía, terminarás siendo el manipulado.

Buscar la energía de lo que se requiere

Hacer una venta, negociar un contrato, o cerrar un negocio, muchas veces depende de la forma en la que se maneja la energía. ¿Has oído hablar del imparable hombre de negocios británico, Sir Richard Branson? Tiene más de 400 compañías, incluyendo Virgin Records, y Virgin Atlantic Airways, está involucrado en muchísimos proyectos ambientales y humanitarios alrededor del mundo y ha escrito grandes libros. En su autobiografía, *Losing My Virginity* (Perdiendo mi virginidad,) Branson dice, "Mi interés en la vida proviene de establecer para mí retos aparentemente inalcanzables y tratar de superarlos". Branson observa la energía de proyectos potenciales y de negocios y cuando él sabe que algo es posible, simplemente rehúsa aceptar la respuesta *no*. Ni un gramo de él se compra el *no*. No se decepciona o se bloquea por el *no*. Y al mismo tiempo, tampoco está empeñado en obtener un resultado determinado. Cuando Branson recibe un *no*, el simplemente pregunta de nuevo. Si recibe otro no, pregunta de nuevo. Y de nuevo. Se hace preguntas como "¿Qué puedo hacer diferente?" o "¿Qué se requiere de mí para que yo reciba un *sí*? Este es el tipo de enfoque con el que necesitas jugar también.

¿Qué es lo que Branson está haciendo correctamente? Él vive en la pregunta. No está empeñado en el resultado. Está dispuesto a ser famoso, está dispuesto a ser rico, está dispuesto a ser pobre, está dispuesto a ser juzgado, está dispuesto a caer, y está dispuesto a divertirse. Él vive el gozo de los negocios.

¿Cómo se vería para ti el gozo de los negocios?

Capítulo 23

¿Haces Negocios Como Un Hombre O Como Una Mujer?

Hay dos estilos diferentes de hacer negocios: como hombre, y como mujer. No importa en qué cuerpo estén las personas. Con frecuencia un hombre hace negocios como mujer, o una mujer hace negocios como un hombre. El estilo del hombre es directo. Él quiere llegar al punto directamente y dar o recibir información. Él dice, "bla, bla, bla", y entonces, está hecho. El estilo de la mujer es hablar sobre las cosas en gran detalle. Ella querrá discutir cómo las cosas trabajan y cuáles son sus sentimientos acerca del proyecto. Ella preguntará: ¿Qué piensas acerca de esto? Y a ella le encanta que le hagan esa pregunta.

Un día, estaba escribiendo un correo de negocios. Gary pasó cerca de mí, miró sobre mi hombro y me preguntó, ¿A quién le estás enviando ese correo? ¿A un hombre o a una mujer?

Le respondí: "A una mujer".

Él dijo, "La estás tratando como un hombre. Solo le estas dando la información que ella necesita. Así es como los hombres funcionan. Ellos solamente quieren saber, '¿podemos hacer esto o no?' Te tienes que comunicar de manera diferente con una mujer. Ellas desean platicar las cosas un poco más".

Yo tiendo a hacer negocios como un hombre, y aún ahora, de vez en cuando, tengo conflictos u ofendo a alguien. Yo me quedo perpleja y me pregunto, ¿Qué pasó aquí? Entonces me doy cuenta, que estaba tratando a alguien como a un hombre, cuando él o ella querían hacer negocios como una mujer. Regreso y les pregunto, cómo les ha ido, qué hicieron el fin de semana, o cómo se sienten en relación con el proyecto en el que están trabajando. Y las cosas cambian inmediatamente.

¿Cómo te gusta hacer negocios? ¿Prefieres el estilo del hombre o el estilo de la mujer? Observa a las personas con las que trabajas. ¿Hacen ellos negocios como hombre o como mujer? Este no es un juicio. No hay una opción correcta o incorrecta. Solo es para que tomes consciencia y que puedas crear y generar en tus negocios con una mayor tranquilidad y gozo.

¿Eres una mujer de negocios? ¡No tienes que ser una perra!

¿Eres una mujer de negocios? ¿Has pensado que tienes que hacer negocios como si fueras una mujer de negocios grande, mala y dura? A veces las mujeres piensan que tienen que convertirse en perras endemoniadas para que puedan ser exitosas en los negocios. Nada puede estar más alejado de la verdad. Las mujeres pueden ser grandes manipuladoras en los negocios; ellas pueden hacer las cosas de la forma que ellas desean y convencer a todos los que las rodean de sus ideas y planes. Muchas veces las mujeres no se dan cuenta de esto y piensan que se tienen que volver, despreciables y malas para que las personas hagan las cosas de la manera que ellas desean. Ellas no necesitan hacer eso para conseguir que se hagan las cosas. Cuando veo a las mujeres operar como si ellas fueran duras, me gusta preguntarles: "¿Tu sabes que fácil sería para ti usar un poco de manipulación?" Algunas personas ven la manipulación como un acto calculador o incluso fraudulento, y puede ser parte de la definición. También es manejar una situación con habilidad, facilidad y destreza y a eso es a lo que me estoy refiriendo.

El otro día le pregunté a un hombre si el haría algo por mí. Moví un poco la cabeza, lo miré de soslayo y parpadeé, y él dijo, "¡Por supuesto! Hago lo que sea por ti, especialmente cuando me miras de esa manera". ¿Saben qué señoritas? Ustedes pueden hacer eso en los negocios. Aún cuando los hombres saben que los estas manipulando, todavía funciona. Tú puedes lograrlo todo. Y es divertido. (Hombres, ustedes pueden hacerlo también).

Recientemente una mujer me contó que estaba en una reunión de negocios con dos hombres. La reunión no estaba yendo muy bien para ella, y de pronto se dio cuenta que eestaba renuente a representar el papel que ella necesitaba representar como mujer para conseguir lo que deseaba. Los hombres eran del tipo cerebral. Uno era un científico y el otro era un productor. Ella comprendió: "Puedo abrir mi escote un poco y ser la mujer femenina que verdaderamente soy, y conseguir lo que deseo". Un poco de escote y jalar energía, ¡absolutamente! Esa fue la primera vez que ella se dio cuenta que fácil era conseguir lo que deseaba.

¿Eres un hombre de negocios? ¡No tienes que ser el comandante en jefe!

A muchos hombres de negocios se les ha enseñado que tienen

que ser los comandantes en jefe. Los hombres son presionados por la sociedad a convertirse en el hombre con las respuests. Ellos piensan que se requiere que ellos sean la autoridad en todo momento. Por los últimos 2,000 años, a los hombres se les ha enseñado a dar órdenes y a seguir órdenes. Cuando el hombre que ha estado siguiendo las órdenes, se convierte en un foco de autoridad, trata que los otros sigan órdenes también, porque eso es lo que él hacía. Estos hombres tienden a tomar decisiones arbitrarias y ellos esperan que las personas hagan lo que ellos dicen. La dificultad con este enfoque es que en estos días muy pocas personas están dispuestas a seguir órdenes ciegamente. De cualquier modo, no querrías tener seguidores ciegos. Le estás pidiendo a las personas que hagan una contribución. Los verdaderos empresarios, las personas que verdaderamente pueden conseguir que las cosas se hagan, tienen más preguntas en su universo. Su enfoque es "¿Qué es lo que esta persona sabe y qué es lo que esa persona puede contribuir?".

En todo lugar en donde no hayas estado dispuesto a tener la tranquilidad y el gozo de ser una mujer o un hombre de negocios, ¿lo destruyes y descreas? Acertado y equivocado, bueno y malo, POD and POC, todos los nueves, cortos, chicos y más allás.

No somos en realidad hombres ni mujeres: ¡Somos seres infinitos!

Entender la forma en la que el hombre y la mujer hacen negocios es una gran herramienta. Es divertido. Te permite ver lo que se requiere para hacer negocios con las personas. Pero no dejes que este punto de vista se convierta en una limitación, porque en realidad, no eres un hombre o una mujer de negocios: tú eres un ser infinito.

Si te limitas a hacer negocios como un hombre o como una mujer, no estás haciendo realmente negocios desde la dimensión expansiva de lo que es posible porque estás colocando una definición acerca de lo que tú eres y acerca de lo que alguien más es. Cuando haces negocios como un hombre o como una mujer, no estás haciéndolo realmente respecto a los negocios. Lo estás haciendo para ti mismo. Así que por favor usa esta información para ayudarte a conseguir lo que requieres, y no lo hagas significativo.

Todas las elecciones que haces en el mundo de los negocios deben estar relacionadas con el Reino del Nosotros. Si no es así, cortas el nivel de crecimiento y cambio que es posible y limitas lo que puedes recibir de otras personas.

El verdadero poder del Reino de Nosotros es el poder ser capaces de elegir lo que funciona para ti y para todos los demás.

Capítulo 24

Sé Tú y Cambia y el Mundo

Muchas personas ven el mundo de los negocios como un tema serio. Con frecuencia cuando entro a un salón en el que voy a facilitar un taller del Gozo de los Negocios y las personas están solemnes y serias. Es como si las personas dijeran, "Vamos a hablar de negocios ahora. Esto es serio ahora. ¿qué vamos a hacer? ¿un plan de negocios? ¿finanzas? ¿qué está pasando aquí?" Su actitud hacia los negocios hace que el tema parezca muy pesado. Ellos crean un espacio contraído y sólido para hacer negocios, en vez de un espacio luminoso y jubiloso. Ellos generan trauma y drama alrededor del mundo de los negocios para que así este parezca más "real". Ellos tal vez piensan que si algo es ligero y no tiene solidez, entonces no tiene valor. No puede ser divertido, ¿o si puede ser? (¡Puede ser!)

* *En todos los lugares donde que no hayas estado dispuesto a que los negocios sean ligeros, divertidos y gozosoz, verdad ¿lo destruyes y lo descreas? Acertado y equivocado, bueno y malo, POD and POC, todos los nueves, cortos, chicos y más allás.*

Siendo tú

La mejor manera de hacer que tu negocio sea gozoso y divertido, de que sobresalgas entre la multitud y de que llegues a ser salvajemente exitoso, es que seas tú mismo. Ser tú mismo significa tener tu propia realidad, no importa lo que esa realidad parezca. Significa, no creer el punto de vista de los otros. Cuando las personas están creando y generando un negocio, generalmente empiezan por usar como referencia lo que otras personas han hecho en negocios similares. En vez de basarse en lo que ellos saben, examinan lo que se ha hecho antes, lo que ha sido exitoso y lo que ha fracasado.

Nuestra estrategia de negocios en Good Vibes for You no está alineada a la idea de que nosotros tenemos que hacer todo lo que los demás están haciendo, y la forma en la que nosotros hemos creado nuestra agua embotellada es un ejemplo de lo que puede suceder cuando generas y creas tu negocio basado en lo que tú sabes. Recientemente enviamos una propuesta al gobierno de Queensland. Ellos estaban construyendo eco-villas y necesitaban un proveedor de agua. Primero contactaron a una compañía grande de agua, pero la compañía no quiso firmar un acuerdo que dijera que ellos estaban dispuestos a proteger del medio ambiente, así que el gobierno de Queenland invitó a otras compañías a enviar sus propuestas. Nosotros enviamos una propuesta que contenía una pregunta, "¿Qué es lo que el planeta requiere de ti?"

Cuando fuimos a la reunión con el representante de las eco-villas, el miró nuestra propuesta de negocio, y entonces nos preguntó, "¿Me pueden dar un minuto? Me gustaría mostrarle esta propuesta al resto de la junta".

Un poco más tarde el representante regresó y nos dijo, "Me acabo de reunir con la junta. Nunca nos habíamos encontrado con una compañía que hiciera una pregunta como '¿Qué es lo que el planeta requiere de ti?' Queremos trabajar con su compañía. ¿Pueden firmar este contrato? Les pagaremos en 14 días".

Cuando incluimos la pregunta en la propuesta, nosotros estuvimos dispuestos a parecer tan locos y tan diferentes que podría ser que no consiguiéramos el contrato. Elegimos ser nosotros mismos, cualquiera que fuera el resultado, y eso fue lo que en realidad nos dio el contrato. Nosotros no tratamos de hacer lo mismo que el resto de las compañías están haciendo. Nosotros somos quien somos, y eso está funcionando en nuestro favor.

+ *Sé tú mismo y cambia el mundo.*
+ *Sé tú mismo y expande tu negocio.*
+ *Sé tú mismo y haz que el dinero se manifieste.*
+ *Recuerda: El dinero sigue al gozo, el gozo no sigue al dinero.*

¿Qué tal si hubieras perdido la memoria?

Crea y genera tu negocio para que sea lo que a ti te gustaría. No tomes como referencia lo que otra persona haya hecho, ni siquiera lo que hayas hecho en el pasado. No importa lo que tu familia haya hecho. No importa lo que otras personas en tu industria hayan hecho. Solo tú puedes hacer lo que tú haces. Tú puedes estar tal vez vendiendo el mismo producto que otra persona, pero cuando eres tú mismo, creas una energía alrededor de tu producto que hace una diferencia. Eres maravilloso; tú eres único en el mundo; tienes un regalo que darle al mundo. Es "se tú y cambia el mundo. "No es, "Se cómo las otras personas y cambia el mundo". No hagas tus negocios de la manera que las otras personas lo hacen.

¿Qué tal si haces tus negocios de una forma en la que nadie más los hace?

No dejes que nadie nunca te detenga

Antes mencioné al hombre de negocios británico, Richard Branson, que es el dueño de Virgin Atlantic Airways y un montón de otras compañías. Uno de sus negocios más recientes es Virgin Galactic, que planea llevar a clientes que paguen por ir al espacio. Branson era disléxico cuando estaba en el colegio. Tuvo un record académico pobre y nunca fue a la universidad. Cuando era un niño, el solía decir, "Voy a llevar a las personas a la luna". Puedes imaginarte lo que las personas pensaban sobre eso. Y ahora, él tiene sus propios cohetes. Su filosofía es "No dejes que nadie nunca te detenga". ¿Qué tal si Richard Branson hubiera tenido un trabajo real, porque sus amigos y familia se lo recomendaron? Branson ha tenido un gran impacto en nuestro mundo, y si él hubiera intentado hacer negocios como el resto de las demás personas, el mundo sería bastante diferente a lo que es ahora. Esta es una verdad para todos nosotros. Si Gary Douglas no hubiera estado dispuesto a ser tan raro y tan maravilloso como él es, no importa lo que esto requirió, el mundo no sería lo que gracias a eso es hoy, muy diferente. Si yo no hubiera estado dispuesta a ir a San Francisco, a descubrir que era Access Consciousness, el mundo sería diferente. Si mi amigo, el Dr. Dain Heer, no hubiera estado dispuesto a renunciar a la gran inversión que él había hecho en su carrera como quiropráctico y a hacer algo que era energéticamente mucho más como él es y un verdadero regalo para todas las personas, el mundo sería muy diferente hoy.

¿Qué tal si tú has rehusado a ser eso que creará el cambio en el mundo que tú sabes es posible? Imagina el impacto que tú puedes tener en el mundo si estás dispuesto a seguir la energía y a abrir las puertas a lo que es posible.

Todos los lugares en donde no hayas estado dispuesto a reconocer la diferencia que eres y cuánto puedes generar y todo lo que puedes hacer, ser, tener, crear, y generar para ti ¿lo destruyes y descreas? Acertado y equivocado, bueno y malo, POD and POC, todos los nueves, cortos, chicos y más allás.

Todo es posible.
Lo único que te detiene, eres ¡TU!

Epílogo

Alguna vez alguien le preguntó a Gary Douglas cuál era su definición de los negocios. Gary replicó, "Los negocios son el gozo de crear lo que expande tu vida y a la vez te trae dinero" ¿Cómo puede mejorar esto? ¡El gozo de crear lo que expande tu vida y a la vez te trae dinero!

¿Cuál es ese gozo que expande tu vida y que podría traerte dinero?

¿En realidad lo estás creando y generando, no importa cuán descabellado sea? Si piensas que tienes una idea que nadie más está realizando, adivina ¿qué? ¡Es probable que sea una gran idea!

Las palabras no me alcanzan para describir la increíble admiración, la gratitud y el respeto que siento hacia Gary Douglas, y hacia el Doctor Dain Heer. Estoy tan agradecida con ellos por sus objetivos: crear y generar más consciencia en el planeta, no importa lo que se requiera, no importa lo esto parezca.

Yo estoy dispuesta. ¿Estás tú también?

Glosario

SER

En Access Consciousness , la palabra SER se usa con frecuencia para referirse a ti, al ser infinito que realmente eres, en oposición al punto de vista artificial, que tú tienes acerca de ti mismo.

Enunciado aclarador

El enunciado aclarador que usamos en Access Consciousness es: *Acertado y equivocado, bueno y malo, POD y POC, todos los nueves, cortos, chicos y más allás.*

Acertado y equivocado, bueno y malo es la versión abreviada de:

+ ¿Qué es lo acertado, bueno, perfecto y correcto acerca de esto?

+ ¿Qué es lo equivocado, malvado, vicioso, terrible, malo, y espantoso acerca de esto?

+ ¿Qué es lo que tú has decidido que es correcto y equivocado, bueno y malo?

POD es el punto de destrucción que precedió inmediatamente cualquier decisión que tú hayas tomado.

POC es el punto de creación de los pensamientos, sentimientos y emociones inmediatamente anteriores a cualquier cosa que tú hayas decidido.

Algunas veces, en vez de usar el enunciado aclarador, decimos: "POD y POC."

Todos los nueves es una expresión que se refiere a las nueve capas de mierda que estamos eliminando. Tú sabes que en alguna parte de esas nueve capas, tiene que estar escondido un poni, porque no podrías tener toda esa mierda en un solo lugar, sin que haya un poni allí. Es mierda que estas generando tú mismo.

Cortos es la versión breve de: ¿Qué es significativo acerca de esto? ¿Qué es insignificante acerca de esto? ¿Cuál es el castigo por esto? ¿Cuál es el premio por esto?

Cortos se refiere a las esferas nucleadas. ¿Alguna vez has visto esos tubitos que les dan a los niños para que soplen burbujas? ¿Soplas aquí y creas una masa de burbujas? Estallas una y luego sale la otra, y estallas otra y continúan saliendo más burbujas. Las esferas nucleadas son así. Pareciera como que nunca terminarás de estallarlas todas.

Mas allás son sentimientos o sensaciones que te paralizan el corazón, paralizan tu respiración, o paralizan tu capacidad para mirar las posibilidades. Es como cuando en tu negocio está en números rojos y recibes una notificación final, y tú refunfuñas ¡urgh! No estabas esperando eso en ese momento. Eso es un más allá.

(La mayoría de la información sobre el enunciado aclarador está basada en el libro, *Right Riches for You*, uno de los grandes libros de Gary M. Douglas y Dr. Dain Heer.)

Clases Principales
Access Consciousness

Access Consciousness es un conjunto de herramientas y técnicas diseñadas a ayudarte a cambiar lo que sea que no está funcionando en tu vida, para que puedas tener una vida diferente y una realidad diferente. ¿Estás listo a explorar las infinitas posibilidades?

Las clases principales mencionadas abajo expandirán tu consciencia para que puedas tener mayor claridad acerca de tu vida, esta realidad ¡y más allá! Con más consciencia, puedes empezar a generar la vida que siempre has sabido que es posible y que aún no has creado. ¿Qué más es posible? La consciencia lo incluye todo y no juzga nada.

Gary Douglas, Fundador de Access Consciousness

Barras de Access:

La primera clase de Acccess Consciousness son Las Barras. ¿Sabías que hay 32 puntos en tu cabeza, que cuando son tocados suavemente, sin esfuerzo y fácilmente liberan pensamientos, ideas, creencias, emociones y consideraciones que has guardado de cualquier vida?

Tu vida no es aún lo que quisieras que sea? ¡Podrías tener todo lo que deseas (¡y todavía más!) si estuvieras dispuesto a recibir más y hacer un poco menos! ¡Recibir o aprender Las

Barras te permitirá esto, y mucho más, para que lo tengas en tu vida!

La clase de Barras es un prerequisito para todas las clases principales de Access Consciousness, ya que le permite a tu cuerpo procesar y recibir con facilidad todos los cambios que estás eligiendo.

Fundamentos:

¿Qué tal si es posible cambiarlo todo? ¿Qué tal si sabes algo que nadie más sabe? ¿Qué tal si este es el momento para expresar y elegir todo lo que has venido a ser aquí?

La clase de El Fundamento está diseñada para empoderarte a cambiar todo lo que quieras cambiar en tu vida. Se te entregará una caja de herramientas que te permitirá destruir el fundamento de las limitaciones desde las que tan a menudo funcionamos, y podrás construir un nuevo fundamento, una posibilidad ilimitada, para que puedas comenzar a crear la vida que realmente deseas. ¿Qué deseas? ¿Qué te gustaría que fuera diferente? ¿Te gustaría tener más gozo? ¿Más diversión? ¿Más facilidad? ¿Te gustaría despertarte por la mañana con una sensación de gratitud... feliz de estar en la Tierra?

Lo que sea para ti, ES posible. Miles de personas de todo el mundo han creado la vida que desean usando las herramientas simples y pragmáticas de Access Consciousness que te presentarán en la clase de El Fundamento.

Todo puede cambiar. Todo es posible. La pregunta es ¿Lo elegirás?

Duración: 4 días

Prerequisitos: Las Barras de Access

Clase de Cuerpos de Access:

Los procesos corporales te dan acceso a las energías que tienes disponibles para asistir a la tierra. La clase de 3 días de cuerpo es facilitada por Facilitadores Certificados de 3 días de cuerpo. Las clases de cuerpo te dan consciencia de las energías que puedes percibir, energías a las que puedes acceder y que no has accedido aún. Las tenemos delimitadas no porque tengamos una respuesta, sino porque cada una de ellas abre una puerta a una energía que tienes disponible que nunca has usado, que nunca te has molestado en acceder, y que nunca te has molestado en ser.

Duración: 3 días

Pre-requisitos: Las Barras de Access y Fundamentos

Clase Avanzada de Cuerpo de Access Con *Gary Douglas*

¿Cuánto juzgas a tu cuerpo? ¿Qué tal si pudieras ver el valor de tu cuerpo en lugar de lo erróneo de él? ¿Qué cambiaría para ti y tu cuerpo si esta fuera tu realidad?

La Clase Avanzada del Cuerpo trata acerca de elegir crear con nuestros cuerpos de una forma diferente de forma que tengamos salud total, facilidad total y el gozo de nuestros cuerpos.

En esta clase práctica descubrirás un conjunto de procesos corporales únicos que han sido creados para darle a tu cuerpo que han sido creados para darles a tu cuerpo la posibilidad de ir más allá de las limitaciones de esta realidad.

¿Qué tal si la comida, los suplementos y el ejercicio no tienen casi nada que ver con cómo en realidad funciona el cuerpo? ¿Qué tal si puedes tener facilidad, gozo y comunión con tu cuerpo mucho más allá de lo se considera posible en este momento?

¿Estarías dispuesto a explorar las posibilidades?

Duración: 3 días

Pre-requisitos: Elección de Posibilidades (antes Nivel 2 y 3) y dos (2) Clases de 3 Días del Cuerpo con cualquier facilitador de Clase del Cuerpo.

Síntesis Energética de Ser (ESB)

Donde la elección de ser el milagro que eres se vuelve realidad.

Esta clase intensiva te lleva profundamente en la maravillosa aventura del proceso energético transformador, del Dr. Dain Heer, Síntesis Energética del Ser. La clase de ESB es una forma única de transformar las limitaciones en posibilidades y sanación, para ti, el mundo y el planeta.

"La ESB es una forma de usar la magia que tenías cuando eras un niño para cambiar todo lo que quieres cambiar como adulto. Esto crea una conexión entre tu cuerpo, el ser que eres y todo lo que te rodea de una forma en la que comienzas a recibir la contribución de todo lo que te rodea y te das cuenta que eres un… regalo para el mundo"

— *Dr. Dain Heer*

Durante esta clase intensiva de 3 días, Dain trabaja con los cuerpos y seres a la vez para crear el espacio que permite se muestre el cambio por el que todos han estado pidiendo. Al trabajar con una persona, todos son invitados a ese cambio. A tu cuerpo y a ti se les presentará un nivel del ser y una consciencia que va más allá de todo lo que has experimentado antes.

Las moléculas de tu cuerpo comenzarán a cambiar y te volverás más consciente del catalizador que eres de que haya una posibilidad diferente en el mundo. El resultado de esto es una onda acústica de unicidad que abarca el presente y el futuro.

¿Qué tal si no te tienes que separar nunca más de nadie ni nada, incluido tú? ¿Qué tal si puedes tenerlo todo...y todo de ti, comenzando ahora? ¿Qué serías capaz de crear como tu vida y en el mundo?

Duración: 3 días

Pre-requisitos: El Fundamento

Siendo Tú, Cambiando el Mundo –Evento de 3.5 días

¿Eres un buscador, un soñador, alguien quien siempre ha sabido que tiene que haber más posibilidades de las que ves ahora a tu alrededor en el mundo?

¿Qué tal si ese "más" eres TÚ? ¿Qué tal si tú, siendo realmente tú, es todo lo que se requiere para que cambie todo - tu vida, todos a tu alrededor y el mundo?

¿Es este el momento de crear una vida más grande y una realidad merezca ser vivida? ¿Qué tal si lo único que nos frena de cambiar todo ahora mismo es la creencia de que no podemos?

El Evento Siendo Tú, Cambiando El Mundo está diseñado para llevarte de tener una vida en piloto automático - en estar completamente vivo y presente como el ser infinito que realmente eres. Te abrirá a una consciencia expandida de la vida sin juicios y *te empoderará a saber lo que sabes.*

Basada en el libro bestseller del Dr. Dain Heer *Siendo Tú, Cambiando El Mundo,* esta clase es facilitada exclusivamente por el autor y presenta un método que él mismo ha desarrollado y sigue expandiendo, el Dr. Dain Heer usa las herramientas de *Access Consciousness*® junto con tu singular proceso energético de transformación llamado La Síntesis Energética del Ser.

¡Por favor, ten en cuenta que venir a uno de estos eventos puede cambiar radicalmente la forma en la te funcionas en el mundo!

+ Te proveerá con herramientas que pueden ayudarte en cambiar todas las áreas de tu vida: tus relaciones, tu cuerpo, tu situación financiera y tu futuro.

+ Experimentarás el trabajo de ESB de Dain en directo -- Dain trabaja simultáneamente con los seres y los cuerpos en la clase para crear un espacio que permita el cambio por el que has estado pidiendo al venir aquí.

Esta clase no tiene Pre-requisitos y cada evento es único, creado por las personas que eligen ir. Juntos, haremos un viaje de creación... a un espacio que nunca antes ha existido.

¿Qué tal si tú siendo tú es precisamente el regalo y el cambio que el mundo necesita? ¿Es ahora el momento de comenzar a crear el futuro y el mundo que sabes que es posible?

¡Bienvenido a la aventura de estar completamente vivo!

Duración: 3.5 días

Pre-requisitos: Ninguno

Evento de 7 Días

¿Alguna vez te has preguntado qué hay más allá de las limitaciones de esta realidad? ¿Eres un aventurero y un buscador de posibilidades más grandiosas? ¿Estás dispuesto a hacer preguntas que nunca habías considerado antes? ¿Estás listo para recibir más cambio del que imaginaste posible? Si es así, ¡Los eventos de 7 días pueden ser para ti!

Esta clase, únicamente por invitación, y de formato libre se realiza dos veces al año en bellos lugares por el fundador de Access, Gary Douglas. Para ser invitado, debes haber asistido al menos a una Elección de Posibilidades en los últimos 12 meses en persona.

No hay reglas, forma ni estructura en estas clases. Gary discutirá y creará procesos para cualquier tema sobre el cual preguntes. No se niega ninguna pregunta y ningún tema se prohíbe; todo está incluido. Es una clase en donde puedes explorarte a ti y a las infinitas posibilidades de expansión, en detalle íntimo y con honestidad brutal.

No hay ninguna otra clase o evento como este en algún lugar del planeta. Es una experiencia única y que te cambia la vida.

Para aquellos valientes y con voluntad, es posible un cambio fenomenal en cualquier área de la vida. No vengas a un evento de 7 días y esperes salir de la misma forma en que llegaste. ¿Es tiempo de mover las cosas?

Facilitada por: Gary Douglas

Pre-requisitos: Barras de Access, El Fundamento y Elección de Posibilidades en los últimos 12 meses y haber tomado por lo menos una clase de la Síntesis Energética del Ser y Clase de 3 días de Cuerpo, en cualquier momento.

Acerca de la Autora

La australiana Simone Milasas es una líder dinámica, y diferente. Es la coordinadora mundial de *Access Consciousness*, (www.accessconsciousness.com), la fundadora de *Good Vibes For You* (www.goodvibesforyou.com), y la chispa creativa que encendió El gozo de los negocios (www.accessjoyofbusiness.com).

Desde que era muy joven, Simone ha funcionado desde una perspectiva totalmente distinta hacia los negocios y hacia todo lo que se relaciona con ellos: a Simone realmente le encantan los negocios. De hecho, más que gustarle el mundo de los negocios, Simone funciona desde el GOZO de ellos. Ella se regocija con la expansión y la generación de iniciativas de negocios, grandes o pequeñas, y ha sido instrumental en el liderazgo de grupos de todos los tamaños, a través de la evolución de numerosos proyectos. Desde la génesis de una idea, y a través de la implementación, sostenimiento y superación de obstáculos, Simone logra encontrar la facilidad, el gozo y la gloria, en todo ello.

La diferencia que Simone aporta a los negocios es su disposición para hacer preguntas constantemente, a observar las cosas de manera diferente, a contribuir a aquellos con los que ella trabaja, y a continuamente hacer elecciones. En sus propias palabras, "Los negocios son una de las áreas de la vida en donde constantemente estoy haciendo preguntas, y donde nunca asumo que tengo la respuesta. Siempre estoy dispuesta a permitir que las cosas se manifiesten de manera diferente y a cambiar aquello que no está funcionando. Eso para mí, es la aventura que los negocios pueden *ser*".

Como colaboradora y directora de muchas compañías, Simone continúa expandiendo su conocimiento de los negocios y ha desarrollado herramientas y técnicas para empoderarte a que tengas una realidad distinta en tus negocios. Con este objetivo, Simone ha trabajado con las personas para inyectarles una energía totalmente nueva en lo que ellos hacen. A través del *Gozo de los Negocios*, Simone muestra formas para crear los negocios más allá de lo que esta realidad dice que es posible y provee herramientas efectivas y dinámicas para crear lo que tú sabes que es posible para tu negocio.

www.ingramcontent.com/pod-product-compliance
Lightning Source LLC
Chambersburg PA
CBHW011801190326
41518CB00017B/2561